열정에
기름붓기

두려움이 없다면 무엇을 할 텐가 편

열정에 기름붓기

두려움이 없다면 무엇을 할 텐가 편

지은이　　　이재선·표시형

■

2016년 3월 11일 초판 1쇄 발행
2016년 9월 30일 초판 2쇄 발행

■

책임편집　　안혜련
기획·편집　　선완규·안혜련·홍보람·秀
기획·디자인 아틀리에

■

펴낸이　　　선완규
펴낸곳　　　천년의상상
등록　　　　2012년 2월 14일 제300-2012-27호
주소　　　　(03983) 서울시 마포구 동교로 45길 26 101호
전화　　　　(02) 739-9377
팩스　　　　(02) 739-9379
이메일　　　imagine1000@naver.com
블로그　　　blog.naver.com/imagine1000

■

■

ISBN　　　　979-11-85811-20-8 03320

이 도서에 인용된 도판 일부는 저작권자가 확인되는 대로 정식 동의 절차를 밟겠습니다.
이 도서의 국립중앙도서관 출판예정도서목록(CIP)은 서지정보유통지원시스템 홈페이지(http://seoji.nl.go.kr)와
국가자료공동목록시스템(http://www.nl.go.kr/kolisnet)에서 이용하실 수 있습니다.
(CIP제어번호: CIP2016004459)

열정에
기름붓기

두려움이 없다면 무엇을 할 텐가 편

이재선 · 표시형 지음

천년의상상

자, 지금부터
마음속 작은 불씨에게 말을 걸어볼까요.
부디, 지금의 순수함 잃지 않고 계속해서 시작할 수 있기를.
고요한 새벽. 홀로 걷다가도
벅찬 가슴 참지 못해 "아아!" 하고 소리치게 만드는
그 뜨거움 영영 떠나지 않기를.
우리도, 당신도 바랍니다.

2월 19일 새벽 추운 날,
연남동 열정에 기름붓기 사무실에서

차례

1

열정에 기름붓기

날지 못하는 새

날기는커녕
뒤뚱거리며

제대로 걷지도 못하는 새가 있었다.

아이들이 돌을 던져도 새는 종종걸음으로
도망갈 뿐, 날개를 펴는 것조차 하지 못했다.

아이들은 새를 보고 말했다.
저 바보 같은 새는 왜 날개가 달린 걸까.
날지도 못하고 날개가 무거워 똑바로 걷지도 못하잖아.

쓸모없는 날개를 달고 있네.

그때, 가만히 아이들의
이야기를 듣고 있던 노인이 말했다.

아이야, 저 새는 하늘의 제왕이란다.

저 새의 날개는 굉장히
크고 길어서 제대로 펴기 힘들지.

그래서 평소에는 오히려 쓸모없어
보이기까지 하단다.

하지만 다른 새들이 비행을
포기하는 거센 바람이 불어오면

저 새는 드디어 날개를 펴고 날기 시작한단다.

그러고는
한 번도 쉬지 않고 태평양을 건너지.

저 새의 이름은 앨버트로스albatross,
세상에서 가장 멀리 나는 새다.

정말 크고 위대한 사람들도 그렇단다.
오랜 시간 날지 못하고 움츠려 있지.
그래서 하잘것없어 보이기도 하단다.

하지만 정말 매서운 바람이 불어올 때

그 사람은 기회를 놓치지 않고
바람 위에 올라타 놀라운 일을 해낸단다.

아이야,
커다란 날개를
가진 사람이 되어라.

언젠가
큰 바람은
꼭 오니까.

열정에 기름붓기

전쟁의 신이라
불린 한국인

1988년, 대만 재벌 잉창치應昌期는
세계적인 바둑 대회를 구상하고(총 규모 116만 달러),
우승 상금으로 40만 달러를 내걸었다.

당시 세계 바둑계는 일본이 제패하고
중국이 뒤따라가는 모양새였는데

자존심 상한 중국은 불세출의 바둑 천재
네웨이핑聶衛平을 앞세워
일본을 누르고자 했다.

그리고 그때 한국은
"실력 차이가 너무 난다"라는 이유로 일본과의 바둑
교류전조차 거절당하는 바둑 약소국이었다.

물론 세계 대회였기 때문에 한국도 초대를 받았지만
주어진 초대권은 단 한 장뿐.

명백한 무시였다.

이때 참가한 단 한 명의 한국 기사
'조훈현'.

그는 혈혈단신으로 일본과 중국의
기사들로부터 연달아 승리를 따냈고

마침내 중국의 녜웨이핑까지 꺾어버리며
대회 우승을 차지했다.

대회를 주최한 잉창치는
"도대체 저 한국 놈은 뭐냐" 하며 화를 냈지만
세계 최대 규모의 기전 '응씨배'의 첫 우승자는 조훈현이었다.

사람들은 그를 한국에서 온 전쟁의 신,
'전신戰神'이라 불렀다.

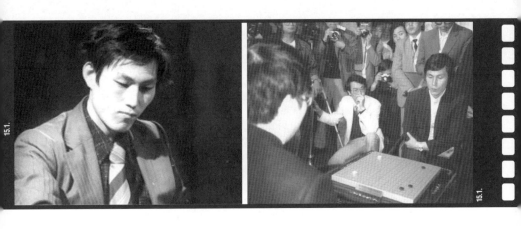

그를 시작으로 한국은 단숨에 바둑 강국으로 우뚝 섰고

수년간 일본과 중국은
한국을 단 한 번도 넘어서지 못했다.

조훈현은 공격적이고 도전적인 스타일로,
궁지에 몰리는 순간에도 끝내 역전승을
만들어내는 한국 바둑 특유의 기풍을 만들어냈다.

그는 호쾌하면서도 과감하게 카운터펀치를
날리는 공격형 바둑 스타일을 구사했는데 특이한 점은

그의 스승 세고에 겐사쿠瀬越憲作와 전혀 달랐다는 것이다.
조훈현이 키워낸 한국의 바둑 천재 이창호 또한
스승과는 판이한 방식을 취한다.

스승과 제자가 닮기 마련인
바둑계에서는 매우 이례적 경우인데,

이는 조훈현만의 철학이 반영된 결과다.

그는 제자들에게 이렇게 말한다.

"최고의 스승을 만나 최고의 가르침을 받더라도
자신만의 스타일을 가지지 않으면
진정한 고수가 될 수 없다.
아니다 싶으면 과감하게 자신만의 길을 가라."

"시키는 대로만
해서는 절대로
최고가 될 수 없다."

– 조훈현

■ 조훈현은 제자 이창호를 키워내면서 십수 년 동안
세계 바둑을 제패하였고 이는 한국 바둑의 기틀이
되었다. 바둑 약소국이었던 한국의 위상을 끌어올
린 그는 한국뿐만 아니라 일본, 중국, 미국 등에서
존경을 받고 있다.

열정에 기름붓기

18년이나
다닌 회사를
그만두고 후회한 것

친구에게 말했다.
"내 적성에 맞지 않는 것 같아. 그래서 수업 안 듣는 거야."

"이거? 내 꿈이랑 달라.
어차피 졸업장 따려고 다니는 거야."
"이 회사? 어차피 돈 벌려고 다니는 거지.
대충대충 하다 그만둘 거야. 하고 싶은 일이 따로 있거든."

그렇게

꿈은 가끔 핑계가 된다.

소설가를 꿈꾸던 한 남자가 있었다.

그러나 등단에 실패하면서
그는 생계를 꾸리기 위해 취직을 했고
마음속으로 다짐했다.

'최소한의 일만 하면서 작품을 준비해 하루 빨리
이곳을 벗어나야지. 여긴 잠깐 거치는 곳일 뿐이야.'

이랬던 그는 회사를 18년이나 더 다녔고

함께 입사했던 동기와 후임들이 승진하는 것을
지켜보다 희망퇴직했다.

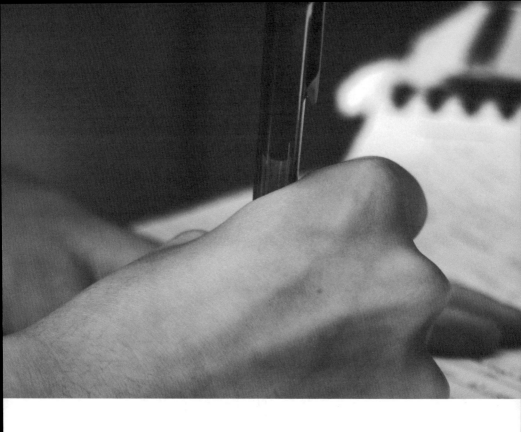

그 후 그는 자신의 삶을 돌아보며
책을 한 권 써냈는데

가장 후회하는 일 중 첫 번째로

꿈을 핑계로 현재 맡은 일에
전력으로 질주하지 않은 점을 꼽았다.

'나는 내가 하고 있는 일이 쓸모없다고만 생각했고,
퇴근하고 나서는 불평하기 바빴다.
결과적으로 어느 것도 얻지 못했다.'

꿈이 있기 때문에
지금 하고 있는 일에 최선을 다하지 않는다는 건

꿈을 팔아 핑계를 대는 일이었다.

싫어하는 일에도
최선을 다하는 태도를 가질 수 있을 때

당신은 정말
꿈을 위한 일에 온몸을 바칠 수 있게 된다.

어중간하게 싸워서 지지 마라.
몸과 마음을 다해 싸운 자에게는
저마다 만족할 수 있는
인생이 준비되어 있다.
건투를 빈다.

—와다 이치로和田一郞,
《18년이나 다닌 회사를 그만두고 후회한 12가지》중에서

04

넘을 수 없다

1. Pay via PayPal

2. Wait at the 'X' at

3. CATCH!

호주 멜버른에는 '재플슈츠Jafflechutes'라는 샌드위치 가게가 있다.

일반적으로 샌드위치 가게는 1층에 있기 마련이지만
이곳은 무려 7층에 위치해 있다.

심지어 간판도 테이블도 없다.
하지만 재플슈츠의 샌드위치를 먹으려는
손님들의 발길은 끊이지 않는다.

그 비결은 바로 '낙하산,

고객이 온라인으로 주문을 하고 가져갈 시간을 정한 다음,
제때에 맞춰 가게 아래 X 표시가 된 지점에서
낙하산을 타고 내려오는 샌드위치를 받는 것이다.

창업 당시 멜버른의 비싼 임대료 때문에
재플슈츠는 상대적으로 저렴한 7층에 가게를 낼 수밖에 없었고,

취약한 접근성을 극복하기 위해 온라인 결제와 낙하산을 고안해냈다.

가게의 이름은 샌드위치를 뜻하는
jaffle과 낙하산 parachute의 합성어!

마침내 재플슈츠는 손님들에게 독특한 경험을 선사하며
다른 샌드위치 가게와의 차별화를 이루어냈다.

고층이라는 한계를 거꾸로 활용하여
'낙하산 샌드위치'라는 경쟁력으로 바꾸어낸 것이다.

우리는 인생에서 벽에 부딪히면 으레 이런 생각부터 한다.

'내가 이걸 할 수 있을까?'
'말도 안 되지.'
'이건 절대 못해.'

하지만 그 벽을 넘기 위한 시도를 해봤는가?

정말로 벽이 높아 넘을 수 없는 것이 아니라

'못 넘을 거야'라는 생각이 우리를
넘지 못하게 만드는 것은 아닐까?

일단 시도해보자.

그 벽은 생각보다
훨씬 낮을지 모른다.

열정에 기름붓기

무조건 이기는 법

169㎝ 60㎏
작은 체구의 아시아인

하지만

아시아에서 가장 인지도 높은 운동선수
세계 가장 영향력 있는 100인 선정
복싱 역사상 최초 8체급 석권

아시아의 복싱 영웅
'매니 파퀴아오Manny Pacquiao'.

처음 경량급에서 활동하던 그가 다른 체급으로
옮기는 도전을 할 때,
모든 사람들이 그의 한계를 점쳤다.

"아시아인이기 때문에
3체급 이상 제패는 힘들 것이다."

그러나 그는 그 말을 비웃기라도 하듯
다른 체급 챔피언들을 하나둘 때려잡았다.

흑인만큼의 탄성과 유연성은 없지만,
후천적 노력을 통해 황인의 근지구력을 최대한 끌어올린 것이다.

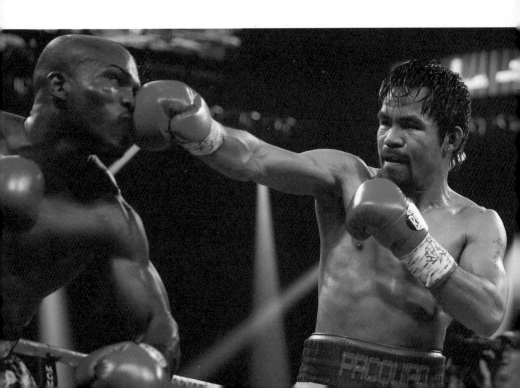

실제로 파퀴아오의 연습량은 엄청나다.
성인 남성의 평균 칼로리 섭취량의 5~6배를
먹으면서도 60kg대를 유지하고 있다.

"저와 싸우는 그 순간이 가장 힘듭니다.
하지만 그 일을 게을리한 적은 없어요.
매번 그렇게 저와 만나는 게 가장 중요하다고 생각합니다."

나와의 싸움에서 이기는 것 중요하다.

그러나 매번 '내게 싸움을 걸 수 있는 용기', 그것이 더 중요하다.

그 싸움이 두려운가?
그렇다면 이렇게 생각해보자.

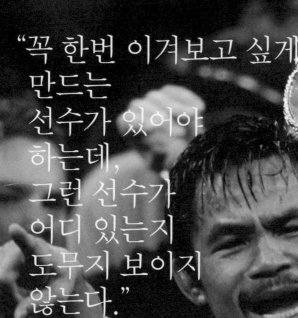

"꼭 한번 이겨보고 싶게 만드는 선수가 있어야 하는데, 그런 선수가 어디 있는지 도무지 보이지 않는다."

—매니 파퀴아오

06

열정에 기름붓기

당신이 지금
하고 있는 그 일,
잘 안될 수도 있다

사슴이 달리는 속도는 평균 시속 70~80km
사람이 달리는 속도는 평균 시속 10~20km

타고난 신체 조건이 불리함에도 불구하고,
오로지 '달리기'로 사슴을 사냥하는 부족이 있다.

멕시코의 원시 부족
'타라후마라Tarahumara'.

이들의 사냥 방법은 무작정 사슴을 쫓아 달리는 것이다.

사슴이 달아나버리면
'사슴의 흔적'을 보고 끝까지 추적해

발굽이 닳아 지쳐 쓰러진 사슴을 사냥해 돌아온다.

이들의 무기는 창이나 활이 아니라
'잡고야 말겠다는 집념'이다.

우리는 오랜 시간 매달린 일에서
도통 결과가 나오지 않을 때

아무것도 얻은 것이 없다고 느낀다.

그러나 타라후마라족은 사슴을 놓치면

흔적을 찾는다.

아무리 실패할지라도 그 실패는 반드시
어떤 흔적을 남기기 때문이다.

당신이 지금 하고 있는 그 일,
뜻대로 안될 수도 있다.

그렇지만 그 실패는 반드시
'경험'이라는 흔적을 남긴다.

한 번 놓쳤다면, 그것은 실패가 아니라
하나의 흔적을 더 얻게 되는 셈이다.

그러니, 절대 포기하지 마라.

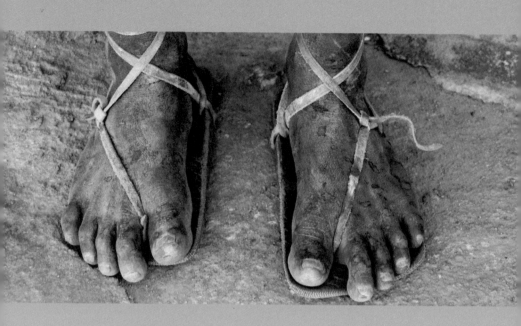

적어도 당신은 타라후마라족보다
좋은 신발을 가졌을 테니까.

여기에 머물러 있지 않겠다

이아영

올림픽, 아시안게임 등 수많은 희비가 교차되고 승자와 패자가 나뉘는 경기들… 하루하루 최선을 다했을 선수들의 웃음과 눈물을 보고 있노라면 이보다 더한 드라마는 없는 듯하다. 하지만 승부의 결과는 냉혹하다. 메달 색으로 선수를 구분하고, 훈련 지원금이 끊긴 비인기 종목 선수는 꿈을 포기한다. 비단 운동선수에만 해당할까. 다만 우리에게 남은 길은 더 높이, 더 멀리 뛰기위해 스스로 강해져야 하는 것일 뿐. 그리고 여기, 오롯이 본인의 힘으로 장애물을 넘기 위해 강해진 사람, 전 국가대표 운동선수에서 국제심판에 이르기까지 자신만의 길을 가고 있는 승부사 이아영이 있다.

꿈의 무게 95kg

어릴 적 "매일 떡볶이를 사주겠다"는 코치의 말에 호기심으로 역도를 시작하게 된 이아영. 그녀가 발을 들여놓은 세계는 주요 대회 입상 결과만으로 학교와 연봉 등 미래가 결정되는 곳이었다. 운동에만 몰두했던 청소년 시절, 한국체대 특기생으로 입학하기 위해서는 전국 랭킹 3위내 성적이 필요했다. 치열한 경쟁은 피할 수 없었다.

"아직도 기억이 생생해요. 전국체전 3차 시기의 인상 경기와 용상 경기, 총 여섯 번의 시도로 승패가 결정 나는 상황이었어요. 용상 경기 1차 시기를 무사히 마치고 2차 시기에서 95kg의 바벨을 들어 올리는데 기구에 왼쪽 다리가 깔리고 말았습니다. 당장 병원을 갔어야 했지만 이날을 위해 달려왔던 제 자신과 관중석의 아버지를 실망시킬 수 없었어요. 부축하러 올라온 감독님을 내려보냈죠. 나중에 보니 대퇴골에 금이 갔더라고요. 걷기조차 힘들었지만 제 간절함에 비하면 다리 부상은 아무것도 아니었어요."

그녀는 이 경기에서 은메달을 따내 한국체대에 입학할 수 있는 자격을 얻는다. 그리고 시상대에 올라 은메달을 목에 걸고 내려와서야 정신을 잃고 응급실에 실려갔다. 부상 투혼까지 펼치며 승부의 세계에서 얻고자 했던 꿈의 무게, 그 중압감은 경기장에서 마주한 95kg 바벨보다 묵직했다.

미처 몰랐던 나의 잠재력

하지만 현재 그녀는 역도선수의 길을 걷고 있지 않다. 왜일까?

"입학의 즐거움도 잠시, 부상 후유증으로 선수 생활에 지장이 생겼어요. 올림픽 출전을 목표로 훈련에 매진해야 했지만 집이 어려웠던 터라 수시로 아르바이트를 해야 했고, 선수로서 몸을 챙기지 못했어요. 훈련하는 동안 부상도

잦아 결국 그만둬야 했죠. 특기생이 선수 생활을 하지 않는다는 건 등록금, 기숙사비 등 모든 혜택을 못 받는다는 뜻이기도 해요. 대신 주변 많은 분들의 도움을 받았고, 신뢰를 저버리고 싶지 않아 더 열심히 했어요. 만점에 가까운 학점을 유지했죠. 역도가 아니면 안 될 줄 알았는데 다른 분야에도 가능성이 있다는 걸 깨달았어요. 그때부터 다른 사람을 지지하는 일을 하고 싶었어요. 제가 수혜자거든요. 재능이 없거나 안 좋은 상황일지라도 누군가 나를 믿어줬을 때 나타나는 잠재력이란 게 있잖아요."

아무것도 할 수 없던 순간

공부에 전념하던 그녀는 어느 날 봅슬레이 국가대표 감독에게서 스카우트 제안을 받는다. 이루지 못했던 올림픽의 꿈을 다시 이룰 수 있는 기회였다. 그렇게 08~09년도 국내 여자 1호 봅슬레이 파일럿 국가대표라는 타이틀을 얻었다. 2009년 〈무한도전〉 봅슬레이 편에도 얼굴을 비추며 많은 주목을 받았지만, 봅슬레이나 스켈레톤은 여전히 비인기 종목이었고, 자국 선수를 위한 기본적인 훈련 지원조차 기대하기 어려웠다.

"국가대표였지만 정작 아무것도 할 수 없는 사람이었어요. 2009년도 국가대표 선발전에서 1위로 선발됐지만 이후 선수 소집이 없어 몇 달 동안 훈련만 기다렸어요. 생계 활동도 접어둔 채 대기했는데 어느 날 국가대표 명단에서 제 이름이 사라진 것을 홈페이지를 통해 알게 됐죠. 제대로 된 훈련은커녕 일방적인 은퇴 통보였어요. 그렇게 가족과 주변 사람들의 기대에 부응하지 못한 채 저의 선수 생활은 끝났어요."

치명적인 단점을 치명적인 장점으로

대한민국 최초 여자 봅슬레이 선수라는 타이틀은 무기력하게 사라졌지만 낙담만 할 수는 없었다. "775점 이상의 토익점수가 있으면 봅슬레이연맹 국제업무 담당파트에서 일할 수 있다"라는 공문을 보게 된 날, 그녀는 처음으로 영어 공부를 시작한다. 밤낮으로 운동만 했기에 영어 실력은 초등학생보다 뒤떨어졌다. 하지만 다시 일어서야 했다. 처음 운동할 때처럼 영어 공부에 매달렸다. 모아둔 돈을 전부 털어 학원비로 지불했고, 맨 앞자리에 앉아 계속 질문하며 악착같이 공부했다.

"원하는 바를 얻으려면 무모한 용기와 노력이 필요하다는 걸 이미 많은 경험을 통해 익혀왔던 터라 노력만큼은 자신 있었어요. 하지만 빈 통장 잔고가 발목을 잡았죠. 어렵게 시작한 공부가 허무하게 끝나는 게 아쉬워 강사님께 전화해 다음 달부터 못 다니게 되었다고 말했어요. 그런데 이후 놀라운 일이 벌어졌습니다. 학원 측에 제 얘기가 알려져 홍보대사로 위촉된 거예요. 홍보의 대가는 학원수강료였고요."

이렇게 매진했지만 원하던 곳에는 다른 사람이 채용돼 일할 수 없었다고 한다. 하지만 그녀의 노력은 더 멋진 방식으로 돌아온다.

무게를 견디기 위한 노력

체육인재육성재단 스포츠기자, 국제봅슬레이스켈레톤연맹 국제심판, 한국도핑방지위원회 도핑검사관, 노르웨이 올림픽위원회 아타세, 클라이밍월드컵 영어아나운서, 다양한 통·번역 활동을 위해 11월에는 미국, 12월에는 독일로…. 현재 그녀의 스케줄러에 빽빽하게 가득 찬 일정들이다.

그러나 한편에는 빚에 대한 기록도 빼곡하다. 부모님의 사업 실패와 함께 들이닥친 빚의 무게, 아버지의 병원 생활, 갑작스러운 어머니의 교통사고까지…. 그녀는 담담히 말했다. "빚을 빚으로 갚고 있는 가정 속에서 마냥 긍정적이긴 쉽지 않죠. 감당할 수 없는 빚은 때로 불편하게 하지만 여기에 머물러 있으면 안 된다고 생각했어요."

'만약 나라면 당장 포기하고 고꾸라지지 않았을까'라는 생각도 잠시, 그동안 위기를 극복하기 위해 애써온 그녀의 삶과 오늘날 빛나는 모습을 떠올리자, 그 빚의 무게도 점차 가벼워지리라는 확신이 들었다.

To 열정에 기름붓기

저는 앞으로도 계속 부딪칠 생각입니다. 뜻하지 않은 가족의 짐이나 본인의 실수에 대해 원망하며 인생의 모든 상처에 오래 머물러봤자 잘되는 건 없잖아요. 천천히 조금씩 변화를 시도하세요. 그리고 따라오는 노력의 대가를 믿으면 됩니다. 여유롭지 않은 환경 덕분에 저는 더 열심히, 치열하게 앞으로 나아갈 수 있었어요.

— 이아영

07

열정에 기름붓기

동전 던지던 청년

20세기 초 이탈리아에 살던 한 청년에게는
독특한 버릇이 있었다.

바로 동전 던지기.

그는 중요한 결정을 내려야 하는 상황마다
동전을 던져 선택했다.

한때 그에겐 두 가지 선택의 길이 놓여 있었다.
파리의 적십자사로 전근을 가느냐,
디자이너 가게에서 일하느냐.

그는 앞면이 나오면 디자이너숍으로,
뒷면이 나오면 적십자사로 전근을 가기로 마음먹었다.

결과는 앞면.

이렇게 해서 그는 패션계에 발을 들이게 되었고,
재능을 인정받아 당대 최고의 디자이너 디오르Christian Dior 밑에서
일하며 디자이너로서 두각을 나타내기 시작한다.

하지만 디오르의 후계자가 될 거라는
사람들의 예상 속에서 그는 또다시 동전을 던진다.

회사에 남아 디오르의 뒤를 이을 것인가,
나의 이름을 딴 가게를 낼 것인가.

마침내 독립을 택한 그는
자신의 이름을 내건 브랜드를 만들었고

우리는 그 브랜드를
피에르 가르뎅Pierre Cardin이라 부른다.

PARIS

한 기자가 그에게 말했다.
"운이 정말 좋으시네요.
동전을 던져 좋은 선택을 할 수 있었으니까요."

그러자 그는 고개를 가로저으며 대답했다.
"동전 던지기가 좋은 선택을 하도록 만든 것이 아닙니다."

"어떤 선택이든 일단 결정한 후엔
믿음을 갖고 밀고 나갔기 때문입니다."

살아가며 마주하는 많은 선택 앞에서 우리는 고민한다.

무엇이 더 옳은 선택인지 알기 위해서
술자리에서 진지하게 이야기를 나눠보기도
혹은 나보다 앞선 사람들의 조언을
주의 깊게 들어보기도 한다.

그러나 진정 중요한 것은
선택 그 자체가 아니라
그 후 우리의 믿음과 행동이다.

08

열정에 기름붓기

슬럼프를 깨는 법

잘못 던진 야구공들이 머릿속에서 떠나지 않았다.
'왜 그렇게 던졌지?'라는 생각이 가득 차올랐다.

더 열심히 연습했지만 비슷한 성적이었고,
끝내 벗어나기 힘든 깊은 슬럼프에 빠졌다.

더 이상 통제할 수 없는 야구공과 몸을 이끌고 찾은 정신과 병원.
의사가 내려준 독특한 처방.

"동영상 하나 보세요."

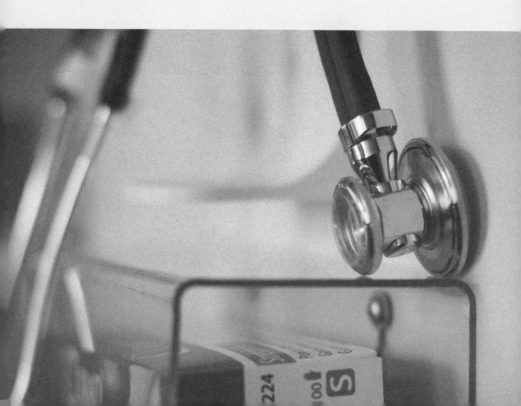

내가 퍼펙트로 공을 던진 경기들로 2분짜리 동영상을 만들었고,
나는 그 영상을 수없이 돌려보았다.

그 뒤로 경기 도중 실수할 때마다 자신감에 차 있던 동영상 속
내 모습이 떠올랐고,
그때의 행동과 감정이 고스란히 전해졌다.

그렇게 애틀랜타Atlantas 최고의 투수
존 스몰츠John Smoltz는 슬럼프를 극복해낸다.

이후 그는 인생 최고의 공을 던지며
메이저리그 명예의 전당에 이름을 올린다.

실수가 반복될 때
자신을 질책할 때
다른 사람과 스스로를 비교할 때
쉴 틈 없이 목표를 향해 달릴 때

경기나 운동뿐만 아니라
우리 일상에도 슬럼프는 찾아온다.

그때 우리는
꼭 기억해야 한다.

지금 수많은 실패와 실수, 좌절을 겪고 있더라도

분명 당신에게도
성취감과 자신감이 가득 차 있던 순간이 있었다.

당신은 이미 무언가를 이뤄냈던 사람이다.

그 순간을 기억하고 슬럼프를 향해
아주 세게 공을 던져라.

당신의
슬럼프도
깨질 것이다.

열정에 기름붓기

죽여야겠다고
결심했다

죽여야겠다고 결심했다.

죽어라, 내 나태함.
죽어라, 내 자기 합리화.
죽어라, 내 게으름.

그러자 어느 날, 게으름이 말했다.

자, 여기 칼이 있어.

날 찔러 죽여.

그러나 난 그를 죽이지 못했다.
그를 죽여야 할 아주 뚜렷한 이유가 없었기 때문이다.

먼저 그를 죽여야 할
분명한 이유를 만들어야 했다.

그래서 목표를 세웠다.
게으름이 있어선 안 되는
이유가 되어줄 목표를.

그러고는 그를 죽이기 위해
철저히 계획을 짰다.

준비가 끝났다고 결단한 날,

난 게으름을 죽이러 갔다.

그랬더니
게으름은 이미 죽어 있었다.

당신이 게으른 이유는
명확한 목표와 계획이
없기 때문이다.
목표와 계획을 세워라.

— 벤저민 프랭클린Benjamin Franklin

세상에서 가장
빨리 달리는 여자

다섯 살 어린 소녀 윌마 루돌프Wilma Rudolph의 꿈은
세상에서 가장 빨리 달리는 여자.

그녀의 꿈이 세상에서 가장 빨리 달리는 여자인 이유는

달릴 수 없는
다리를 가졌기 때문이었다.

네 살 때 앓은 소아마비로 인해
그녀의 왼쪽 다리는 한쪽으로 휘어 있었다.

한 발짝이라도 내딛기 위해선
교정기와 목발에 의지해야만 했다.

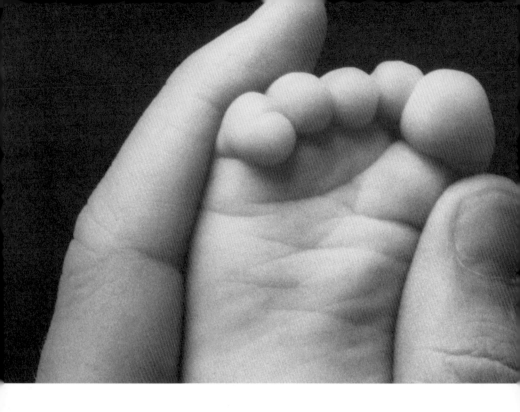

의사들은 그녀가 걸을 수 없다고 진단했지만,
그녀의 어머니는 매번 딸에게 할 수 있다고 이야기해주었다.

일곱 살, 순수했던 어린 소녀는 의사의 말보다
어머니의 말을 믿었다.

여덟 살, 그녀는 보조기구를 착용하고
첫발을 떼는 데 성공했다.

그리고 열한 살, 다시는 교정기를 달고 걷지 않았다.

열세 살,
그녀는 느리지만 달리기를 시작할 수 있었고

첫 번째로 나간 달리기 대회에서
느렸지만 완주에 성공할 수 있었다.

그리고 1960년
로마 올림픽, 그녀가 스물한 살 되던 해

'검은 가젤'이라는 별명의 육상선수가
100m, 200m, 400m 릴레이 우승이라는
전설적 기록을 세운다.

그녀의 이름은 윌마 루돌프다.

훗날, 소아마비를 극복하고
어떻게 세계에서 가장 빨리 달리는
여자가 될 수 있었느냐는 기자의 질문에

그녀는 대답했다.

어머니는 나에게 아주 일찍부터 이렇게 가르치셨다.

내가 원하는 것은 무엇이든 이룰 수 있다고.

그리고
그 첫 번째는
목발 없이도
걸을 수 있다는 것이었다.

─윌마 루돌프

11

한국은 이래서 안돼

TV나 인터넷을 통해 안 좋은 뉴스를 접할 때면,
습관처럼 말하곤 한다.

"이래서 한국은 안되는 거야."
"한국에서는 불가능한 일이야."

1970년대,
텔레비전도 겨우 만들어내는 기술 수준에 머무르며
돈도, 경험도, 제대로 된 시설도 갖추지 못했던 한국은

컴퓨터를 만들고자 했다.

그리고 이를 위해 해외에 유학하던
한국인 인재들의 귀국을 요청했지만

보장된 삶을 포기하고
후진국 한국으로 귀국하는 이는 극히 드물었다.

그럼에도 조국을 위해 귀국한
소수의 학자들이 있었는데
그중 한 명이 바로 전길남 박사이다.

그리고 그는 전 세계의 이목을
집중시킨 사건을 일으킨다.

Internet
인터넷

1982년, 대한민국은 인터넷을 독자적으로 개발했다.
세계에서 두 번째로.

1982년 5월, 서울대학교 — 경북 구미 전자기술연구소
네트워크 교신 성공.

텔레비전조차 간신히 만들어내던
국가가 당시 미국만 가지고 있던
최첨단 기술인 인터넷을 구축한 것이다.

당시 한국에는 아무것도 없었습니다.
인력도 장비도 기술도 없는 상황이었죠.
그렇기 때문에 더더욱
인터넷이 필요하다고 판단했습니다.

컴퓨터를 개발했다면,
당장 돈은 벌 수 있었겠죠.

하지만 인터넷을 개발한다면
아무것도 없던 우리나라의
미래를 만들 수 있다고 생각했어요.

한국은 이로 인해
다른 선진국보다도 빠르게
인터넷을 도입할 수 있었고

그가 키워낸 제자들은
현재 대한민국 정보 통신
기술의 기틀을 닦았다.

세계 최초 MMORPG
바람의 나라를 만든 김정주,
리니지의 아버지 송재경,
네오위즈의 나성균이
그의 제자다.

한국 인터넷의 아버지이며,
대한민국이 기억해야 할
영웅 전길남 박사. 그는 우리에게 말한다.

한국은 안된다고 생각하기 전에
왜 안될까를, 그리고 그걸
내가 고칠 수 없을까를 고민한다면

훨씬 더 나은 세상을
후손에게 물려줄 수 있다고 생각합니다.
그게 우리의 역할이에요.

— 전길남

■ 한국인으로는 유일하게 ISOC(인터넷 소사이어티)가 만든 인터넷 명예의 전당에 오른 전길남 박사는
  일흔이 넘은 나이에도 여전히 한국 인터넷 발전을 위해 왕성한 활동을 펼치고 있다.

12

열정에 기름붓기

한 남자가 죽기 전
아들에게 남긴 편지

집안이 부유한 것도
외모가 잘생긴 것도
머리가 좋은 것도 아니었던 한 남자는

재빠르게 포기하는 길을 택했다.
그래서

그는 사랑했지만
자신에게 과분하다고 생각한
여자에게 고백하지 않았고

승진 가능성이 있지만
무리라고 생각되는 일에
도전하지 않았으며

친구의 도전을
"집안에 돈도 없는 게 무슨 도전이야"
하고 비웃으며 깔봤다.

그리고
빠르게
늙어갔다.

시간이 지나 죽음에 가까워졌을 때
그는 문득 떠올렸다.

만약 내가 그 여자에게 고백했더라면

내가 그 사업에 좀 더 주도적 역할을 맡았더라면

내가 깔본 그 친구의 꿈을
적극적으로 응원해주었다면, 내 인생은…

내 인생은 달라졌을까?

답을 내릴 수 없던 그는 오랫동안 고민했고,
자신의 아들에게 한 장의 편지를 남겼다.

긴 내용을 전부 요약할 수는 없지만,
편지의 핵심은 이러했다.

나는 후회한다.
꿈을 좇지 않았음을 후회한다.

만약 꿈을 좇는 삶을 살았더라면

이루어지지 않았더라도,
최선을 다하는 삶을 살 수 있었을 텐데.

젊은 시절 이런 말을 들은 적이 있었다.
"꿈을 크게 꿔라. 깨져도 그 조각이 크다."

그때 나는 비웃었다.

"저런 게 바로 희망 고문이지.
꿈이 깨지면 남는 건 절망밖에 없어."

하지만 돌이켜보니
그것은 도전하지 않고 머물러 있는 나에 대한 자기 합리화였다.

어느 순간부터 나는 작은 꿈조차 꾸지 않았다.

결과적으로 그 무엇에도 최선을 다하지 않는 삶을 살았다.

아들아, 너에게 간절히 바라건대

너는 꼭 꿈을 꾸어라.
아니,

꿈을 크게 꾸어라.
깨져도 그 조각이 크다.

열정은 열정을 알아본다

최낙빈

열정에 기름붓기가 마련한 작은 강연회 '열대야', 모인 사람에게 꿈을 묻는 시간이었다. 그때 누군가 말했다. "제 꿈은 세계적인 레이싱 팀을 만드는 것입니다." 그리고 몇 개월 뒤 우리는 그에게서 한 장의 사진과 메시지를 받았다. "이번 대회에서 우승했어요! 세계 대회에 나갑니다." 레이싱 팀 몽스 Monx의 최낙빈, 우리는 당장 그를 찾아갔다.

차를 좋아하던 평범한 아이

"저는 차를 좋아하던 평범한 아이였어요. 자동차에 관심이 많아 중학교 때부터 RC카를 조립했습니다. 자연스레 기술에 관심을 갖게 됐고, 고등학생 때 RC카 전국 대회에서 3위까지 해봤어요. 대한민국 대표 호주 세계 대회 참가권도 거머쥐었고요. 금전 문제로 참가하지 못했지만요. 넉넉한 형편이 아니다 보니 부담을 최소화하려 했습니다. 좋은 장비보다 기본 장비로 기술을 발전시키려 노력했죠. 장비가 전부가 아니라는 것을 알게 되면서 기술 작업에 더 매력을 느꼈습니다. 당연히 공부는 뒷전이었죠. 부모님은 늘 응원해주셨지만, 대학 진학과 진로를 결정해야 할 순간이 오니 현실을 완전히 외면할 수는 없었어요."

좋아하는 일과 안정적인 직업 사이에서

고등학교 졸업 후 아버지의 권유로 항공정비 기술을 배우는 학원을 다녔다. 하지만 부모님의 지원과 기대가 무색하게 항공정비에는 커다란 흥미를 느끼지 못했다. "바퀴가 땅에 붙어 있지 않으니 호감이 생기지 않았기" 때문이었다. 2년 동안의 공부를 그만둔 후 무엇을 할지 몰랐던 그는 군·입대를 결심한다. 그리고 보통 군인처럼 진지하게 진로에 대해 고민할 무렵, 갑자기 어려워진 집안 사정과 생계를 이어야 한다는 강박관념이 그를 사로잡기 시작했다. '부사관으로 지원할까?' 이런저런 생각으로 복잡할 때, 친구의 한마디가 그를 일으켜 세웠다. "군인은 아니야. 네가 하고 싶은 거 뭔지 알잖아. 자동차 좋아하잖아 너. 그거 잘하잖아!"

자동차를 만질 수 있는 곳이라면

그 친구가 아니었다면 지금 몸담고 있는 레이싱 팀 몽스는 없었을지 모른다. 그는 자동차와 관련된 일에만 끌렸고, 자신이 그 일에만 몰입할 수 있다는

것을 인정했다. 하지만 흥미와 열정만으로는 부족했다. 꿈에 다가서기 위해서는 실력을 쌓아야 했다. 일단 자동차를 만지며 일할 수 있는 카센터 막내로 들어갔다. 그러나 시간이 흐를수록 답답함이 쌓여갔다.

"'이렇게 고치면 더 잘 나갈 텐데', '이렇게 조절해보면 어떨까?' 같은 생각이 계속 떠올랐어요. 1년 정도 해야 할 일만 하고 있더라고요. 자유로운 시도보다 매뉴얼을 따라야 했죠. 원하는 대로 할 수 없다 보니 차가 싫어졌어요. 제가 좋아하는 것은 자동차 정비가 아니라 새롭게 조립하면서 성능을 높이는 일이었거든요. 이익을 추구하는 회사와 입장 차이가 벌어지기 시작했습니다. 저는 간단한 수리를 하러 온 손님과도 심도 있는 이야기를 나누고, '이건 굳이 이렇게 하실 필요 없다'처럼 회사보다는 손님과 차를 위해 솔직하고 느린 일 처리를 추구했거든요. 손님들은 좋아했지만 회사와 저는 서로 불편하게 된 거죠. 끝내 회사를 관뒀습니다. 하지만 손님들은 제 진지한 열정을 알아줬어요. 많은 사람이 독립을 권유했고 운 좋게 지인에게 자금을 지원받을 수 있었습니다. 가진 건 없지만 실력과 열정 그리고 저를 신뢰한 사람들을 믿었죠. 이를 기반으로 개인 가게를 열고 운영해오고 있습니다. 여전히 빚은 남아 있지만 조금씩 갚아나가고 있고, 무엇보다 지금이 행복합니다."

돈을 좇는 것이 아니라 노동한 만큼 벌겠다

성인이 되면 인생에 대한 책임을 져야 하며, 권리를 주장하는 만큼 의무도 따른다. 그도 평범한 30대 청년이기에 이러한 책임에서 완전히 자유롭지는 못하다.

"돈 걱정이 없다면 거짓말이죠. 하지만 돈을 목적으로 일하기보다 노동한 만큼 대가를 받는다는 생각으로 일을 하면 쫓기지 않아요. '내가 좋아서 이 일을 하는 거고, 그만큼 열심히 했으니 돈을 받아야 한다' 같은 느낌인 거죠. 돈은 부수적 수단이에요. '프로가 되어 돈을 엄청나게 벌어야지'라는 생각은 안 하기로 했어요. 그렇게 되면 하고 싶은 대로 못 하게 되거든요. 잘하다 보면 돈이 따라오겠죠."

열정은 열정을 알아보니까

그렇다고 순진한 생각으로 방관만 한 것은 아니다. 좋아하는 일을 하는 범위 내에서 좀 더 안정적 구조를 만들기 위해 노력하고 있다.

"돈을 목적으로 삼지 않았을 뿐 투자받기 위해 여기저기 발품을 팔기도 했어요. 단순히 자동차를 조립하느냐 마느냐를 떠나 대회에 출전하고 차를 움직이려면 필요한 것들이 많으니까요. 가장 대표적인 게 기름이죠. 열심히 하는 저희를 좋게 보신 한 대표님께서 일본 오일 회사에 우리 팀을 추천해주셨고, 그곳에서 아무런 대가 없이 지원을 제안해왔습니다. 일본은 한국보다 레이싱 시장규모가 크기 때문에 좋은 기회였어요. 열정은 열정을 알아본다는 말을 자주 하는데요. 지금 생각해보니 부모님 외에도 많은 분들의 도움을 받고 이 자리에 오게 됐습니다. 항상 그 고마움을 잊지 않으려고요. 사람은 주변의 도움을 받고 성장하는 것 같아요. 남들과 비교하면 대단한 성공이 아닐 수 있지만, 사소한 목표와 꿈들을 인정받고 이루다 보니 제게도 해낼 수 있는 힘이 있다는 걸 깨달았습니다."

그의 팀 몽스는 아마추어 레이싱 경기에서 '부동의 1위'라는 별명을 얻을 정도로 유명해졌으며, 앞으로 세계 대회 진출도 계획하고 있다.

To 열정에 기름붓기

흔히 말해요. 잘할 수 있는 일과 좋아하는 일은 따로 있으니 잘할 수 있는 일을 하라고. 정답은 아니라고 생각해요. 잘할 수 있는 건 본인 노력으로 달라질 수 있어요. '죽도록 했는데 잘 안되더라?' 되기 직전에 멈춘 걸 수도 있잖아요. 좋아하는 일을 잘할 수 있게 만들어요. 불가능하다고 생각하지 마세요. 제가 그 예니까요. 강연이나 인터뷰가 모든 이의 간지러움을 긁어줄 수는 없겠죠. 나를 움직이고, 내 문제를 고칠 수 있는 건 결국 나 자신일 테니까요. 그래서 저는 하고 싶은 모든 것을 해볼 거예요. 그리고 죽는 날 '아, 정말 재밌었다. 즐거웠어, 내 인생!' 하며 후회 없이 죽을 거예요. 대단하진 않지만 '누군가 내게 이런 말을 해주었으면' 하고 기다리는 사람이 분명 있을 거라고 생각해요. 그래서 끝으로 이 한마디를 꼭 남기고 싶습니다.

"누군가를 바꿀 욕심 따위 없다. 하지만 내가 바뀌다 보면 누군가는 가능성을 볼 것이다. 그래서 내가 변하기로 했다. 꼭 지켜봐라. 내가 증명할 것이다. 꿈을 현실로 만든다는 것은 남의 말이 아니라 나의 행동에 달려 있다."

— 최낙빈

열정에 기름붓기

다람쥐는 모아둔
도토리의 대부분을
잃어버린다

두 볼 가득 도토리를 채운 다람쥐는

하루 37회를 왕복하며
겨울을 대비할 식량을 땅속에 저장한다.

하지만 너무
여러 곳에 나누어 저장하다
모두 흩어져버린 도토리.

결국 다람쥐가 다시 찾게 되는 도토리는

겨우 1/10 정도.

나머지 도토리들은 다 어떻게 된 걸까?

이듬해 봄이 돌아오면 다람쥐가 찾던 도토리들은
싹을 틔워 땅에서 자라나기 시작한다.

그렇게 잃어버린 줄 알았던
90%의 도토리가 참나무 숲을 이루고

그 나무들은 몇 년이 지나
수천 개의 도토리를 다람쥐에게 돌려준다.

우리에게도
도토리를 찾지 못하는
시간이 있다.

오랫동안 최선의 노력을
기울이며 준비한 시험에서
속절없이 떨어졌을 때

긴 기간 공들인 일이
너무도 쉽게 물거품이 되어버렸을 때

우린 어떠한 노력의
결과도 얻지 못한 것 같아 좌절하곤 한다.

하지만 당신의 도토리는 결코 사라진 것이 아니다.

단지 땅에서
씨앗으로 새 움을 틔우려 하는 것이다.

한번 생각해보라.
당신이 몇 개의 도토리를 잃어버렸는지
그리고 당신에게 몇 그루의 참나무가 열릴 것인지를.

기억하자.

실패는
끝이 아니라 시작이다.

14

열정에 기름붓기

모두가 자살하리라
생각한 남자

X

한계를 느낀다.

한계를 뛰어넘는다.

실패한다.

실패를 극복한다.

어머니가 병으로 돌아가셨을 때,
아홉 살 소년이었던 나는 울었다.

그러나 이튿날 아버지와 울타리를 고쳤다.

집안이 가난해 학교에 다닐 수 없었다.

하지만 책은 한 권 살 수 있었다.

모은 돈을 쏟아부은 사업이
실패했다. 십 년을 일해야 갚을 수
있는 빚을 떠안았다.

하지만 난 매일 아침 눈을 뜨고
아침을 먹었다.
그리고 17년 뒤, 빚을 모두 갚을 수
있었다.

계속해서 수많은 실패를 겪었다.
사람들은 내 자살을 우려해 주변의 칼과
날카로운 물건들을 정리했다.

하지만 매번 실패를 겪을 때마다
난 오히려 식당에 가 배부르게 먹고
머리를 깔끔하게 정리했다.

그리고 당당하게 길을 걸으며 스스로 다짐했다.
나는 실패했지만 바로 다시 시작했다.

난 실패한 사람이 아니라
새로 시작한 사람이다.

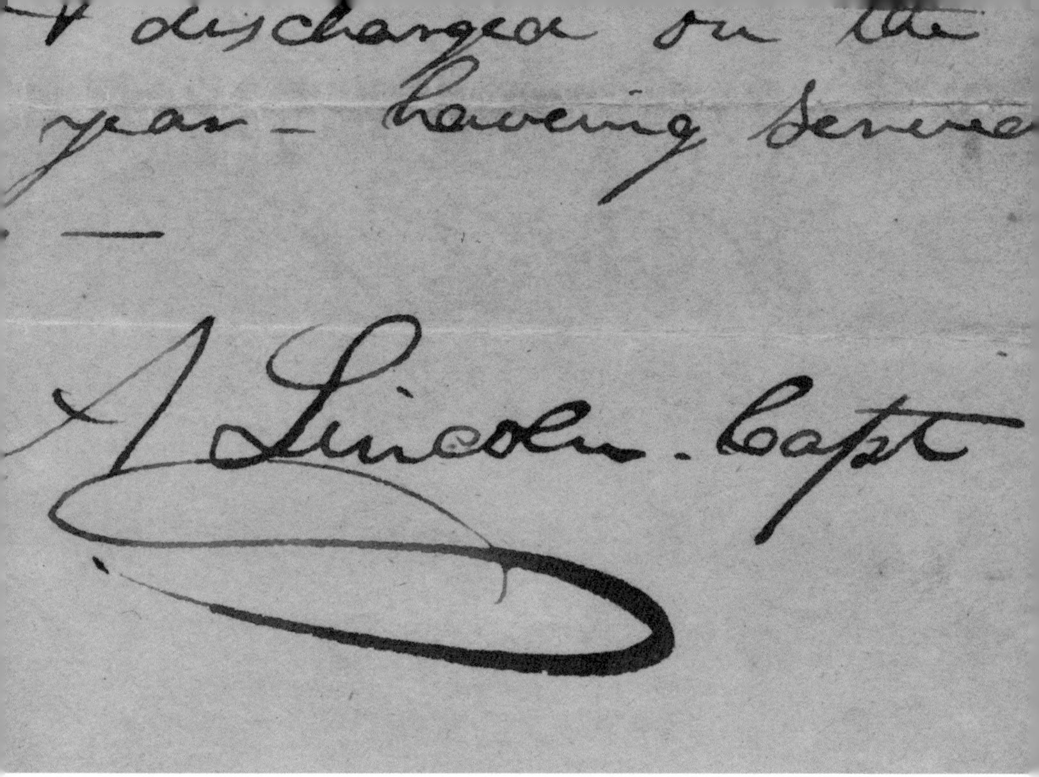

4 discharged on the

year — haveing serve

A. Lincoln. Capt

그리고 1861년 3월 4일,
평소와 같이 일찍 일어나 아침을 먹고 머리를 정돈했다.

그다음 국회의사당으로 가 내 이름이 적힌 서류에 서명했다.

그리고 선언했다.

"나 에이브러햄 링컨Abraham Lincoln은
헌법을 준수하고 대통령으로서의
직책을 성실히 수행할 것을
국민 앞에 엄숙히 선서합니다."

미국 제16대 대통령 에이브러햄 링컨.
그는 총 스물일곱 번 커다란 실패를 겪었다.
훗날 사람들이 그 많은 실패를 어떻게 극복할 수
있었느냐 물었을 때,
그는 대답했다.

"천천히 걸었을 뿐
결코 뒷걸음치지 않았다."

"늘 명심하라.
실패는 중요하지 않다.
중요한 건 당신의 결심,
성공하겠다는 당신의 의지다."

— 에이브러햄 링컨

15

열정에 기름붓기

뷔페에서
많이 먹는 법

"올해는 이것도 하고 저것도 해야지."
"무리하는 것 같지만 일단 벌려놓고 보자."

미국의 한 대학에서 흥미로운 실험을 했다.

레스토랑에서 한 집단에게는 큰 포크를,
다른 집단에게는 작은 포크를 주고
그들의 식사량을 비교했다.

결과는 예상과 다르게 작은 포크로
식사한 사람들이 음식을 더 많이 먹었다.

큰 포크 집단은 한꺼번에 많은 양을
먹느라 금세 배가 불렀고,

작은 포크 집단은 여러 번에 걸쳐
조금씩 나눠 먹어 지치지 않고
길게 식사할 수 있었던 것이다.

다이어트를 결심하고 운동을 시작할 때에도
첫날 무리하게 움직이면

이튿날 생긴 근육통에 곧바로
운동을 포기할지 고민에 빠진다.

우리는 그렇다.
스스로의 초조함에 쫓겨 무리한
계획을 세우고 얼마 가지 못해 포기하기 일쑤다.

그러고는 훗날 똑같은 실수를 되풀이한다.

멀리 갈 수 없게 만드는 시작은
반이 아니며, 무리하여 전진하기가
꼭 앞서간다는 뜻은 아니다.

작은 포크를 쥐어라.
중요한 것은
한 번의 거창한 시도가 아니라
작지만 꾸준한 지속이니까.

16

열정에 기름붓기

패자를 위한 시간

나도겪어봐서알어
뜨거운 니 열정에 비해
세상은 차가워.

사람들이 힘든 순간마다 찾아보는 유명한 명언이 있다.

실패는 성공의 어머니다.
실패는 하나의 교훈이다.
시작하고 실패하는 것을 계속하라.
실패하는 만큼 성공에 가까워진다.
·
·
·

그런데 겨우 실패만 가지고
한 사람을
성장시킬 수 있는 걸까?

이 질문에 대한 답을
찾을 수 있는 곳이 있다.

바로 바둑 대국장.

"수고하셨습니다."
승패가 결정된 이후에도
결코 자리를 뜨지 않는 사람들의 모습.

갑자기 바둑돌을 모두 치운 뒤
다시 하나씩 돌을 놓기 시작한다.
'복기'라는 것이다.

복기[復棋]

한 번 두고 난 바둑의 판국을 비평하기 위하여 두었던 대로
다시 처음부터 놓아보는 일

그들은 이 과정에서 자신이 두었던 수를
재확인하며 패배의 원인을 분석한다.
실패의 경험을 되살려보는 것이다.

바둑 기사들은 이 시간을
'패자를 위한 시간'이라 부른다.

우리에게 필요한 것은 '실패'가 아니라 '복기'다.
실패 자체가 사람을 성장시킨다는 건 안일한 착각이다.
괴롭더라도 치열하게 자신의 패배를 뜯어보는 시간.

그 시간이 바로 당신을 성장하게 한다.

혹시 실패해도 괜찮다는 말로
자신의 패배를 정당화하고 있지는 않은가?

실패는 점검하고 분석할 때 비로소 그 가치를 지닌다.
그렇지 않다면 상처로만 남을 뿐이다.

패배를 직면하라.
그리고 성장하라.

"삶에 있어 묘수는 없다.
오로지 복기만이 있을 뿐이다."

— 조훈현

열정에 기름붓기

짐 캐리가
아버지에게서
배운 것

안녕하세요. 짐 캐리입니다.
아시다시피 저는 코미디언이죠.
저의 재능은 아버지에게서 물려받은 겁니다.

제 아버지 역시 훌륭한 코미디언을 꿈꾸셨죠.
하지만 그것이 힘든 여정일 거라고 생각하셨습니다.

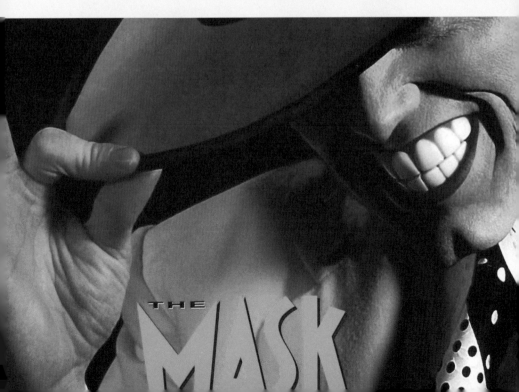

그래서 아버지는 조금 더 안전한 결정을 내리셨죠.
회계사라는 안정적으로 보이는 길을 택하신 겁니다.

그런데 제가 열두 살 때, 아버지는 직장을 잃으셨습니다.
저희는 먹고살기 위해 무엇이든 해야 했죠.

이때 저는 아버지를 보면서 가장 중요한 교훈을 얻었습니다.
바로 이겁니다.

'좋아하지 않는 일을 하면서도
얼마든지 실패할 수 있다.
그러니까
이왕이면 사랑하는 일에 도전하는 것이 훨씬 낫다.'

여러분은 단 하나만 알아내면 됩니다.

세상에 기여할 수 있는 자신의 재능이 무엇인지 말이죠.
실패가 두렵다면, 꿈을 포기할 게 아니라
강한 신념을 갖기 위해 노력하세요.

그러면
당신은 세상을 날 수 있습니다.

— 짐 캐리Jim Carrey

18

당연이란
단어를 바꿔라

"세상에는 너무나도 문제가 많습니다."
중국의 스티브 잡스Steve Jobs라 불리는
알리바바Alibaba CEO '마윈馬云'.

그는 어릴 적 영어를 배우기 위해 일부러
큰 호텔을 찾아가 외국인들과 대화를 나누곤 했다.

그런데 그들과 대화를 나눌수록 의문이 들었다.

학교에서 배운 지식과
그들의 이야기가 너무나 달랐기 때문이다.

'내가 당연하게 받아들였던 것들이
진짜가 아닐 수 있겠구나.'

그 후로 그에게는 새로운 버릇이 생겼다.

사람들이 사실이라고 여기는 것을 받아들이기 전에
단 1분만이라도 스스로의 두뇌로 생각해보는 것.
그리고 이 습관은 그의 세계관에도 영향을 미쳤다.

많은 사람들이 말합니다.
이 세상은 문제가 너무나 많고, 불공평하다고.
그러면서 아이러니하게도 그걸 당연하게 여깁니다.
세상은 원래 그런 거라면서요.

하지만 조금만 더 생각해보면
그건 당연한 게 아니라 바꿔야 하는 것입니다.

많은 이들이 당연시할 때,
누군가는 자신을 변화시키고 남들을 변화시킵니다.

그리고 세상을 바꾸죠.

그리고 그 기회를 발견하는

첫 단추는 '당연'을 '왜'라는 단어로 바꾸는 것이다.

'당연히 그런 거지'가 아니라,
'왜 그런 거지?' 여야 한다.

왜.

자기 멋에 사는 사람 중 왕이 되자

위일환

  늦은 밤 집으로 가는 길 문득 하늘을 올려다보았다. '신기하다. 오늘따라 별이 많네, 원래 하늘에 별이 이렇게 많았나….' 이내 페이스북으로 눈길을 돌려 이것저것 살펴보다 노래와 함께 편집된 짧은 동영상 한 편을 보게 된 그날, 쉽게 잠을 이룰 수 없었다. 귀에서는 One Republic의 'Counting Stars'가 맴돌았고, 두근거리는 가슴은 진정되지 않았다. 우리는 동영상 속 그들을 만나야 한다 생각했다. 그렇게 찾아간 사람이 네 명의 주인공 중 하나인 위일환이다.

위일환 동영상 QR코드

그냥 하고 싶은 것을 하며 살았다

혼히 학창 시절로 돌아가면 열심히 공부하고 싶다 대답하지만, 위일환은 그때의 나로 다시 한 번 살고 싶다고 한다. 이른 새벽 일어나 신문을 돌리고, 주말에 장례식장 청소를 하면서도 항상 긍정적으로 생각했던 그때… 하고 싶은 일을 마음껏 하며 웃음을 잃지 않았던 그 순간이 가장 행복한 추억으로 남아 있다고. 스무 살이 되자마자 그는 군대에 들어가기로 마음먹는다. 넉넉지 않은 가정환경과 열심히 하긴 했지만 흥미가 없던 공부 탓인지 대학 진학에는 뜻이 없었다. 오히려 남자들의 세상, 돈도 벌면서 제대로 해보자라는 생각에 그는 '특전사' 지원을 결심했다. 모두가 면접에서 떨어질 것이라며 만류했지만 2개월 뒤, 그는 "괴물" 소리를 들으며 특전사에 입대한다.

자기 멋에 사는 놈들 중 왕이 되자, 자멋왕 패밀리

"특전사에서 무엇을 얻었느냐"라는 질문에 그는 '자멋왕 패밀리'를 가장 먼저 꼽았다. 다른 지역과 환경에서 살다 특전사에서 모인 그들은 완벽하게 잘 맞진 않았지만 함께 있으면 즐거운 사이였단다. 자칭 '자기 멋에 사는 놈들 중 왕'(자멋왕)인 그들답게 술자리에서도 항상 '자기 멋'을 자랑하기 바빴다고.

어느 날 네 친구는 자연스럽게 '내기'를 걸었다. 내용은 함께 작성한 '버킷 리스트'의 달성 여부였고, 그중 첫 번째는 '여행 가기. 이왕이면 멀리 가기. 2013년 12월 1일 약속된 장소에서 모두 모이기. 늦거나 미루면 기다리지 않는다'였다. "우리는 이왕 가는 거 정말 멀리 가보자. 남들이 안 가는 곳을 가보

자. 그래! 우리 뜨거운 남미에 가자라고 결심했죠."

　전역한 후 드넓은 세상을 경험하고 싶었던 그는 캐나다로 떠났다. 새벽 4시에 일어나 일을 하고, 숙소에서 도보로 한 시간이나 걸리는 거리를 운동이라 생각하고 뛰어다니며 교통비를 아꼈다. 주말에는 캐나다 산악동호회를 다니며 온갖 체험을 멈추지 않았다. 어느덧 자멋왕 패밀리와 만나기로 한 날짜가 다가왔고, 내기를 지키기 위해 멕시코시티로 향했다. '모두 모였을까'라는 두근거림과 함께.

꿈에 눈이 멀어라, 시시한 현실 따위 보이지 않게

2013년 12월 1일 멕시코시티, 네 친구는 한자리에 있었다. 누군가는 영상을 멋지게 만들어보자며 캠코더를, 누군가는 단결을 위해 '남미 정복'이라 새긴 티셔츠를 챙겨왔다. 남미는 치안이 불안해 여행객들에게 위험한 지역이 많지만, 이들은 도리어 이런 곳을 더 적극적으로 찾아다녔다.

"꿈에 눈이 멀어라, 시시한 현실 따위 보이지 않게!" 자멋왕 패밀리가 우리에게 전하는 메시지다. 하지만 이들이 정말 눈이 멀었다고 할 수 있을까? 그들의 현실이 시시한 것일까? 어쩌면 시작은 정말 시시하고 눈이 먼 듯 무모한 도전이었을 수 있다. 생각해보면 자멋왕 위일환은 늘 그래왔다. MP3를 사려고 신문을 배달하고, 남자들의 세계를 동경하며 특전사에 입대하고…. 하지만 그는 결국 남미 일주를 해내고, 멋진 영상으로 뭇사람들의 가슴에 뜨거운 불을 지피는 데도 성공하지 않았던가.

"내비게이션은 목적지에 빠르게 도착할 수 있도록 도와주는 좋은 기계지만 종종 주변을 놓치게 한다고 생각해요. 내비게이션의 목적지처럼 목표를 설정하고 싶지는 않았어요. 하나의 선택에서 여러 가지 결과가 나올 수 있기 때문에 아직 앞날은 알 수 없지만, 언젠가 기회를 잡을 수 있도록 항상 준비하며 느리고 힘들더라도 가고 싶은 길을 갈 겁니다."

사하라사막의 별은 어떻게 빛나고 있을까요

"좋아하는 일을 하다 보니 주변 사람들이 저를 다르게 보기 시작했어요. 더 이상 무모한 바보로 보지 않았죠. 기대에 부응하기 위해 점점 더 좋은 사람이 되려고 노력했고, 결과적으로 한층 더 성장하고 있는 것 같습니다."

누군가의 도움을 바랄 수 없는 환경에 처했던 그는 좋아하는 일을 하기 위

해 뭐든지 필사적으로 임했다.

"요즘 사람들은 너무 다 가지려고 합니다. 욕심 때문인지 남들과의 비교 때문인지 어떤 것도 놓치고 싶어 하지 않아요. 여행 가고 싶다 해도 이것저것 다 따지다 못 가게 되잖아요. 얻는 게 있으면 분명 잃는 것도 있는데 말이죠. 그래서 저는 항상 돈이 없습니다. (웃음) 제게 중요한 것은 지금 당장 하고 싶은 일, 좋아하는 일을 하는 거예요. 돈은 목적을 위한 수단 정도이지 큰 의미가 없어요. 등가교환이라고 해야 하나 기회비용이라고 해야 하나. 모든 걸 얻으려 하다 보면 진짜 좋아하는 일을 놓치기 마련이죠. 저는 정말 제가 원하는 확실한 하나를 하고 있기에 행복합니다. 사하라사막 마라톤 참가를 계획 중인데 생각만 해도 두근거려요. 그곳의 별은 어떻게 빛나고 있을까요?"

To 열정에 기름붓기

시도를 하세요. 기록은 중요하지 않습니다. 뛰러가는 순간, 그리고 기록이 좋든 나쁘든 운동화 끈을 매고 달렸다는 그 과정이 중요합니다. 물론 이 모든 일을 가능케 하는 것은 노력입니다. 언제나 준비하세요. 나에게 오는 기회를 잡을 수 있도록. 저 또한 다음 열정을 기약하겠습니다. 열정 하나로 움직이는 사람들이 진짜로 있다고 말하고 싶었어요. 나 같은 사람도 하는데 뭐가 걱정이에요. 많은 이들과 함께 변하고 싶습니다. 함께 별을 세고 싶어요.

─위일환

19

한겨울에 피는 꽃

끝내 이루지 못한 것들을 앞에 두고
스스로에게 괜찮다고 했다.

사실 괜찮지 않았다.
놓아버려야 한다고 생각하니 너무 아팠다.

그토록 노력했던 순간들…
온 힘을 다해 달려온 시간들은 온데간데없이 사라지고

결국 접혀버린 꿈이 야속했다.

한겨울 눈 속에서도 붉은 꽃을 피워내는 동백.

한겨울의 꽃, 동백은 그 개화만큼이나
낙화 또한 인상적이다.

동백은 낙화할 때 피웠던 꽃을 송이째 떨군다.

꽃의 모양새를 온전히 간직한 채 떨어진 동백의 모습은
겨우내 피워낸 꽃만큼이나 아름답다.

한때 당신이 피워낸 것들이 결국 시들었을 때

열띤 노력이 담긴 시간 역시
흔적 없이 저물었다 생각하지 마라.

당신의 치열했던 순간이
사라졌다고 생각하지 마라.

동백의 낙화처럼
비록 떨어진다 할지라도 열띠게 피워냈던 꽃들은
그 자체로 충분히 아름답다.

동백의 또 다른 이름은

'땅 위에서 다시 피는 꽃'이다.

열정에 기름붓기

끔찍한 결과가
뻔히 예상되는 상황을
마주할 때가 있다

가끔 끔찍한 결과가 뻔히 예상되는 상황을 마주할 때가 있다.

아무도 나에게 질문을 던지지 않는 면접장이라든가
첫 번째 문제부터 막혀버린 시험 같은.

스물셋, 군에 복무 중인
한 남자의 손에 쥐어 있던 수류탄이 터졌을 때

아마 그도 떠올렸을 것이다.

한쪽 손이 없는 앞으로의 삶에 대해서.

전역한 그는 오른손을 잃은 상태로
생활 전선에 뛰어들어야 했다.

예상대로 한쪽 손이 없는
사람에게 사회는 더욱 냉혹했다.

뒤늦게 대학에 입학해 영문학과를 졸업하고
누구보다 열심히 취업을 준비했지만

‘의수’를 본 면접관들은
그에게 아무것도 묻지 않았다.

그는 매번 질문 없는 면접장을
나와 탈락을 예감하며
집에 돌아가야 했다.

여느 때와 다름없이 아무도 자신에게 말을 걸지 않은
면접을 보고 집에 돌아가는 길⋯
갑자기 그는 화를 참을 수 없었다.

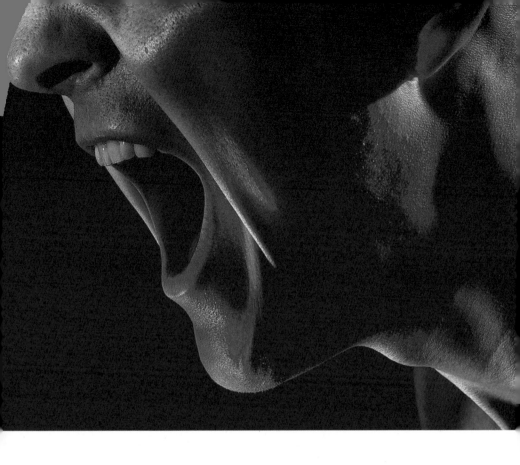

도대체 내가 뭘 잘못했길래
이런 취급을 받아야 하는 것인가!

차오르는 억울함을 참을 수 없던 그는
회사로 되돌아가 외쳤다.

"나는 국가를 위해 일하다 조금 다쳤을 뿐이다!

오른손잡이였지만 왼손으로 글을 쓰는 법을 익혔고,
일하는 데 아무런 지장이 없다.

앞으로 나 같은 면접자가 또 찾아온다면 다시는 그러지 마라!"
그는 호기롭게 외친 후 문을 박차고 나가려 했다.

그때,

면접관으로 있던 한 여자가 말했다.
"지금 이야기를 그대로 영어로 해보세요."

그는 다시 영어로 이야기했고
며칠 뒤 합격 통지서를 받을 수 있었다.

그에게 기회를 준 사람은
애경 그룹의 총수였던 장영신 회장이다.
그리고 의수를 차고 면접관들에게 소리쳤던 남자는
한국 마케팅의 신으로 통하는 조서환이다.

그날을 시작으로 조서환은
하나로샴푸, 2080치약, KT SHOW 등
다양한 브랜드를 성공적으로 마케팅하며
KT 부사장 자리에까지 올랐다.

우리는 가끔 끔찍한 결과가 뻔히
예상되는 상황을 마주할 때가 있다.

하지만 그 상황에서 포기하느냐,
기회를 만들어내느냐는

당신에게 달렸다.

"한때는 극복할 수 없는
약점을 가졌다고 생각했다.
하지만 오른손이 없었기에
난 인생이란 마라톤에서
더욱더 열심히 달릴 수 있었다."

—조서환

열정에 기름붓기

쉽게 말하지 마라

요즘 주변에 열정이 넘치는 사람들이 많다.
대외 활동이다 토익이다 뭐다 해서 다들 몹시 바쁘다.

그러나 자세히 보면

처음에는 그 누구보다 열정이 뜨겁지만
정작 그 열기가 오래가는 사람은 드물다.

마치 활활 타던 불꽃이 금세 사그라지는 것처럼
중간에 뜻대로 되지 않거나 난관에 부딪히면 뜨거웠던
처음의 열정은 초심을 잃고 어느새 식어버린다.

사실 열정이라는 단어 'passion'은
'참다, 견디다'라는 뜻의 라틴어 'pati'에서 유래했다.

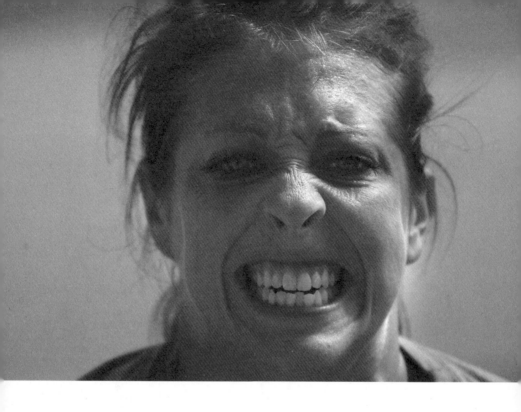

흔히 열정이라 하면 주로 '도전, 패기, 노력'
같은 단어를 떠올리기 마련이지만

그에 앞서 열정에 따른 고통을 견디겠다는
의지와 끈기가 필요하다는 의미다.

결국 열정의 온도보다 중요한 것은
그 뜨거움을 얼마나 오래 유지할 수 있느냐이다.

더 이상 열정적이라고
쉽게 말하지 마라.

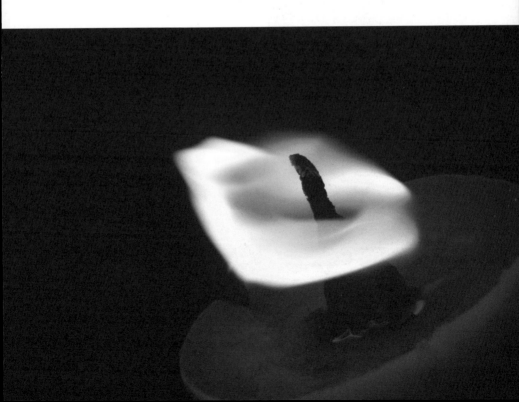

끈기 없는
열정은
반쪽짜리
열정일 뿐이다.

열정에 기름붓기

결심 후 만나는 것

중독 심리 전문가 김형근은 수차례
상담을 진행하면서 흥미로운 사실을 하나 발견했다.

자신을 찾아온 대부분의 사람들이 "달라지고 싶다" 말하지만
사실은 달라지고 싶지 '않기도' 하다는 것.

도전하지 않음에서 오는 편안함,
도전 후에 대한 두려움,
도전 자체의 귀찮음.

온갖 이유로 우리는 달라지고 싶어 하지만
그만큼 안주하려는 욕망도 크다.

그런데 많은 사람들이 여기에 스트레스를 받는다.

결심 후 직면하게 되는 두려움과 귀찮음,
즉 안주하고 싶은 마음을 자신의 결점으로 느끼는 것이다.

'난 왜 이렇게 나태할까…'
'아… 난 역시 안될 놈인가 봐.'

그래서 나중에는 달라지겠다는 결심조차 피하게 된다.
무기력증에 빠지는 것이다.

중독 심리 전문가 김형근은 이렇게 분석한다.
인간의 내면에 여러 성향이 공존하는 것은
지극히 당연하고 정상적인 현상이다.

누구나 결심 후 나태함에 직면하고,
누구나 도전과 안주 사이에서 갈등한다.
중요한 것은 이를 '인정'하는 일이다.

사실 인간의 몸도 균이 전혀 없는 무균 상태에서는 살아남을 수 없다.
마찬가지로 인간의 내면도 다양한
욕구와 결점이 없는 상태로 존재할 수 없다.

즉 당연한 사실에 스트레스 받지 말라는 뜻이다.
결심 후 만나는 두려움과 귀찮음, 다 괜찮다.

중요한 것은 그럼에도 불구하고 계속 결심하는 일이다.
괜찮으니까, 마음 편하게 먹고 한 번 더 결심해라.

우리는 결점이
없을 정도로
완벽하진 않지만
결점에 무너질 정도로
나약하지도 않다.

23

열정에 기름붓기

그가 결코
숨기지 않은 것과
숨긴 것

"조센징, 빠가야로!"

1960년대 재일 조선인 차별이 극심했던 일본.
그라운드에 선 타자 장훈에게는 온갖 비난이 쏟아졌다.

타석에 오른 장훈은 묵묵히 자신을 향한 욕설을 듣다
이렇게 외쳤다.

"그래! 나 조센징이다.
근데 뭐 어쩌라고!"

그리고 그는 곧바로 홈런을 쳤다.

이후 일본 프로야구 사상 최초 3,000안타
통산 타율 0.319
수위타자 7회 등을 기록한 장훈은
자존심 센 일본 프로야구 명예의 전당에 오르게 된다.

당시 재일 교포는 극심한 차별로 인해
조선인임을 숨기고 살아야 했는데
그는 절대로 자신이 조선인임을 숨기지 않았다.

그랬던 그가 유일하게 감춘 것이 하나 있었는데
은퇴 후에야 공개한 그 비밀에 모든 사람이 경악했다.

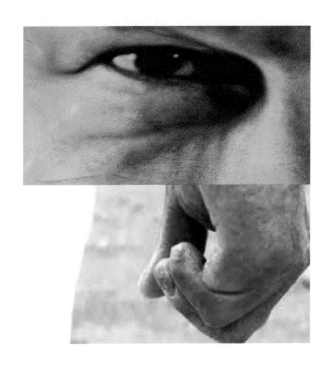

그것은 바로
그의 일그러진 오른손이었다.

그는 어릴 적 화상으로 인해
넷째 손가락과 새끼손가락이 붙어버렸지만
그 사실이 자신의 성적에 변명거리가 되는 것을 원치 않았다.

그저 틈만 나면 연습하고 또 연습했다.
밤에도 자다 일어나 마음에 찰 때까지 배트를 휘둘렀다.
그것이 자신이 다른 야구선수들과 싸워
이길 수 있는 유일한 방법이었으니까.

"수많은 귀화 제의에도 나는 흔들리지 않았고,
절대 내 장애로 핑계를 대지 않았다."

—장훈—

단점을 변명으로 삼지 않고
비난에 꺾이지 않는다.
이것이 바로
일본 야구계의 전설,
조선인 '장훈'이다.

24

열정에 기름붓기

당신이
자주 하는 실수

무엇이 더 옳은 선택인지
답을 알려드리겠습니다.

내일을 생각하여

저
축

오늘이 마지막인 것처럼

돈
쓰
기

옆에 있는 사람에 대한

의
리

새로운 사람에 대한

설
렘

한 우물만 파기   여러 우물 파기

어울리는 옷   입고 싶은 옷

아름다운 경치를

사
진
에

담
기

아름다운 경치를

눈
에

담
기

목표를 위해

밤
잠
을

줄
이
기

목표를 위해

잠
을

푹

자
기

293

잘하는 일   하고 싶은 일

이제 답을 알려드리겠습니다.

저축만이 살길이다
힘들 때 곁에 있어준 사람 버리는 거 아니다
우물을 파도 한 우물을 파라
나이에 맞는 옷을 입어라
남는 건 사진뿐이다
사당오락四當五落
잘하는 일을 해서 전문성을 키워라

둘 다 옳다. 고로, 하나의 답은 없다.

오늘이 마지막인 것처럼
설렘을 따라가라
이 점들이 정글짐처럼 다 연결될 것이다
네 멋대로 입어라
가슴에 담아라
잠을 잘 자야 성적이 오른다
하고 싶은 일을 해야 인생이 즐겁다

그럼에도 살다 보면 둘 중 하나만
선택해야 하는 상황이 온다.

그럴 때 해야 하는 것.

고민이다.

고민[苦悶]
마음속으로 괴로워하고 애를 태움

고민은 말 그대로 고단하고 힘든 일이다.

그래서 하나의 답이 있는 것도 아닌데
누군가 확신에 찬 목소리로
"이게 답이야"라고 말하면

솔깃하다.

그래서 때로는 남이 너무도 쉽게 내린 결정을
그대로 받아들인다.

그러고는 결정을 내려준 사람이
책임도 대신 지리라 착각한다.

하지만 안타깝게도 선택의 결과는 아무도 대신 책임지지 않는다.

결정해야 할 상황이라면 혼자서 충분히
고민한 후 남에게 의견을 물어라.

그리고 스스로 판단하라.
남이 대신 판단을 내려줄 수는 있어도, 책임질 수는 없다.

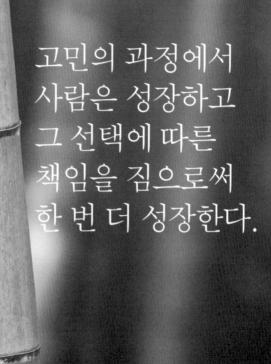

고민의 과정에서
사람은 성장하고
그 선택에 따른
책임을 짐으로써
한 번 더 성장한다.

따스함을 배달합니다

최현우

"사랑하는 님! 마음대로 되지 않는 일과 어려움 때문에 외롭고 지치더라도 항상 힘내십시오. 사람으로서 사랑합니다." 얼굴조차 본 적 없는 어떤 이에게서 이런 뜻밖의 위로를 받는다면? 수십 통의 따뜻한 손 편지가 자기가 가진 가장 값진 보물이라 말하는 '쌈드림' 최현우를 만났다.

꿈 한 쌈

대학교 4학년, 취업을 준비하는 친구들을 보며 그 역시 취직을 생각했지만 받은 학점이라고는 C, D, C, D. 그동안의 다양한 활동은 취업용 이력서에 어울리지 않았다. 끝내 흔히 말하는 '도피성 휴학'을 하고 리포터가 되기로 결심했다.

"평소 이야기하는 것도 좋아하고, 성격과 잘 맞는다 생각해서 학원까지 다니며 제대로 도전해봤어요. 하지만 다른 학생들을 보며 소질이 없다는 걸 깨

달았죠."

다시 제자리로 돌아온 그에게 남은 건 진짜 현실이었다. 여러 곳에 이력서를 넣었으나 서류 전형조차 통과하지 못했다. 그는 '이왕 이렇게 된 거 남들이 하지 않은 특별한 경험을 만들어보자' 마음먹고 '쌈드림'을 시작한다.

"쌈드림은 여러 재료를 모아 음식을 만드는 '쌈', 꿈과 드린다라는 이중 의미를 갖는 '드림'을 결합해 만든 이름이에요. 세상에 행복을 이야기하고 희망을 이어가는 저의 드림팩토리입니다."

쌈드림의 시작

'손 편지를 받았을 때의 따뜻함, 누군가 내 이야기를 들어줄 때 느껴지는 위로 그리고 다른 사람을 향해 손 편지를 쓰는 애정 어린 마음 이 세 가지를 연결시켜보자! 그리고 난 피아노 연주로 그들을 위로하는 거야!' 그는 리드선과 키보드, 천막을 가지고 무작정 거리에서 사람들의 이야기를 들어주기 시작했다.

"쌈드림에 오시면 엽서를 받아갈 수 있는데요. 이 엽서에는 전에 계셨던 분이 당신을 위해 쓴 응원의 메시지가 담겨 있습니다. 엽서를 가져가시려면 그 다음 오실 분을 위해 응원 메시지를 쓰셔야 해요. 메시지는 쌈드림이 대신해 다음에 오시는 분께 전달해드리겠습니다."

현실과 이상 사이

구상의 실현은 쉽지 않았다. 작은 공간에 천막을 펼치자마자 주위에서는 몰아내기 바빴고, "도대체 그걸 왜 하는 건데요?"라는 질문만 돌아오기 일쑤였다. 그래서 그는 집에서 150m 떨어진 곳에 자리를 잡았다. 공간 마련도 힘들었지만 그보다 더 큰 문제는 경계심이었다. 워낙 흉흉하고 각박한 이야기가 들려오는 세상이니 어쩔 수 없는 일이라 생각하며 그는 인내심을 가지고 기다렸다.

꿈과 스펙 사이

"쌈드림의 시작은 나만의 스펙을 만들기 위해서였어요. 딱 6개월만 해보자라고 생각했죠. 멋지게 사람들을 위로해준다면 기업들이 먼저 날 찾아올 것이라 생각했거든요."

그의 생각은 적중했다. '쌈드림'은 조금씩 입소문을 탔고 신문에 기사로 실렸으며 몇몇 기업들은 그에게 러브콜을 보내기도 했다.

하지만 어느새 쌈드림은 그에게 스펙이나 단순한 경험 그 이상의 일로 자라나 있었다. 그는 말했다. "행복이란 게 정말 뭘까요. 내가 지금 하고 있는 일이 행복하다면 그걸 계속하는 것이 진정한 행복이 아닐까요."

사실 저도 쌈드림을 통해 위로받아요

그도 원래는 불평, 불만이 많은 사람이었지만 쌈드림을 하며 자연스레 변했다고 한다. 많은 사람과 이야기하고 그들의 외로움에 공감하다 보니 마음의 크기가 커졌다고나 할까. 다른 사람의 상황을 이해하게 된 것이다. 그는 기업의 스카우트 제의에도 쌈드림을 포기하지 않았다.

"쌈드림만으로는 생계를 유지하지 못해요. 그래서 돌잔치 MC를 하며 생계비를 벌고 있어요. 아마 기업에 입사했다면 더 여유로운 생활이 가능했겠죠. 하지만 결혼을 하고 나니 오히려 생활비는 줄더라고요. 아무래도 쓸데없는 소비가 줄다 보니 큰돈이 없더라도 100만 원 정도 생활비가 있으면 우리 둘은 행복하게 살 수 있다 생각했습니다."

쌈드림은 여전히 그곳에서 당신을 기다리고 있습니다

"쌈드림을 통해 손가락질만 당하다 처음으로 응원받았다는 트랜스젠더의 눈물을 보았고, 누군가의 메시지로 자살하려던 마음을 고친 남자에게서 희망

을 보았습니다. 성폭행을 당했지만 꿋꿋이 이겨내며 살아가고 있는 여성의 삶에 연민을 느꼈으며, 드라마처럼 기구한 사연은 아니지만 나름대로 슬픔을 안고 일상을 묵묵히 살아내는 많은 사람들에게서 힘을 얻었습니다. 그리고 누군가에게 위로받은 그들이 자신의 행복을 나눌 때, 세상의 따뜻함이 배가 되는 것을 보았습니다. 이렇게 쌈드림은 항상 그곳에서 지치고 상처 받은 당신을 기다리고 있을 거예요."

To 열정에 기름붓기

저는 경험을 굉장히 중요하게 여겼어요. 그래서 대학생 때도 수많은 경험을 했죠. 하지만 나중에 곰곰이 생각해보니 이러한 경험들이 너무 산발적으로 나뉘었다는 생각이 들더라고요. 자연스럽게 여러 경험이 모여 어떤 한 가지 방향을 만들어가는 것은 맞지만 그 경험들을 쭉 정리해보면서 정말 내가 얻은 교훈이 뭔지, 이 경험들이 나를 어떻게 만들어갔는지에 대해 고민해보는 시간이 필요하다고 생각합니다. 흑연과 다이아몬드는 둘 다 탄소 원자로 이루어져 있지만, 그 가치가 상이한 것처럼요. 저는 '쌈드림을 통해 대한민국에 행복을 이야기하고 싶다'라는 새로운 꿈이 생겼습니다. 그 꿈에 저의 생애를 걸고 도전하고 있습니다.

― 최현우

5

25

열정에 기름붓기

날 수 없는 날개

작고 가벼운 날개, 그에 비해 크고 뚱뚱한 몸통.
이 곤충을 연구하던 학자들은 하나같이 입을 모았다.

"공기역학적 이론상 충분한
양력을 얻을 수 없는 날개입니다."

그러나

모두가 날 수 없다는 날개로 하루 평균 200km를
날아다니는 곤충이 있다.

이 곤충의 이름은 호박벌이다.

어떻게 호박벌이 날 수 있게 된 걸까?

그 비결은 다른 벌에 비해 월등히 빠른 날갯짓에 있었다.
평범한 날갯짓으로 날 수 없기에 호박벌은 더 빨리 움직인다.

그렇게 쉼 없이 날갯짓을 하다 보면
날개 안쪽 비상근飛翔筋이 현저히 발달하고

진동에 가까운 수준인
초당 약 200회의 날갯짓을
통해 비로소 날 수 있게 되는 것이다.

꼭 하고 싶은 일이 있는데
내가 정말 원하는 꿈이 있는데
현재의 환경이나 조건 때문에
그 꿈을 체념하고 있진 않은가?

모두가 안될 것이라 해서
아예 시도조차 하지 못한 일은 없는가?

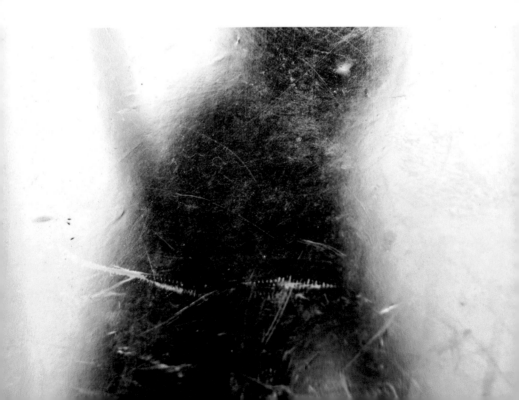

날 수 없는 날개로
꿀을 찾아 나는 호박벌처럼

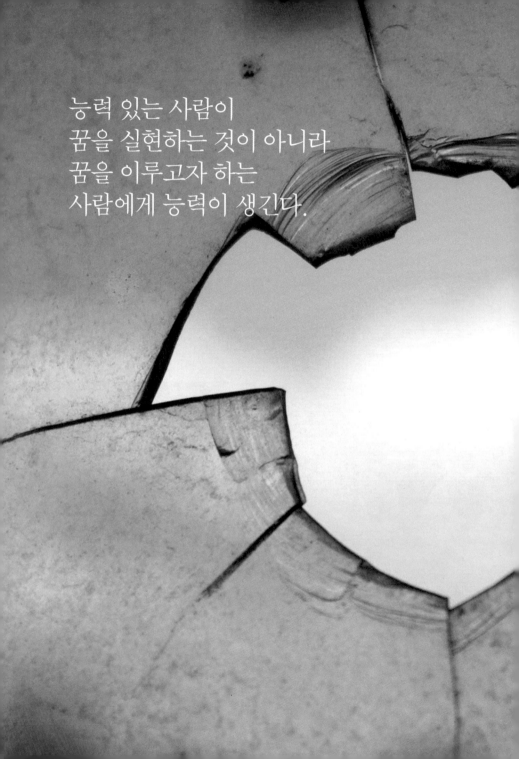

능력 있는 사람이
꿈을 실현하는 것이 아니라
꿈을 이루고자 하는
사람에게 능력이 생긴다.

26

열정에 기름붓기

빠르면서 옳은
결정을 내리는 법

세계 최고 물류 업체 아마존Amazon의 CEO
제프 베저스Jeff Bezos는 말한다.

인생에는 수많은 고민과 선택의 순간들이 있습니다.

아무리 고민해도 답을 내리기 어렵죠.
모두 장단점이 있으니까요.

그럴 때 저는 '후회 최소화 프레임워크
Regret Minimization Framework'를 따랐어요.

80세가 되어 인생을 돌아볼 때

'후회할 일들을 최소화하며 살자.'

이렇게 저만의 프레임 안에서 판단을 내린 거죠.

제가 제일 처음 이 기준을 적용한 것은 서른 살,
직장을 그만둘 때였어요.

'좋은 창업 아이템이
떠올랐는데 도전해야 하나?'

당연히 직장 상사가 말렸죠.

"훌륭한 아이디어 같지만,
자네는 이미 좋은 회사에 다니고 있지 않나?"

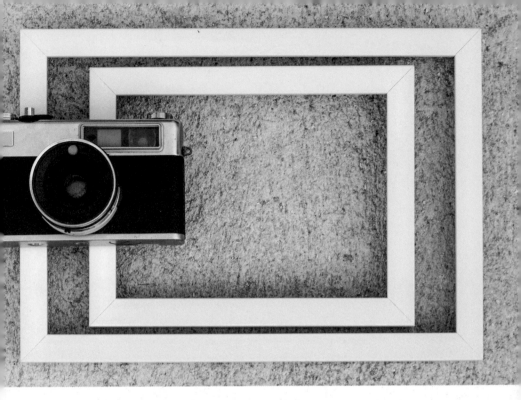

한참을 고민하다 후회 최소화 프레임워크로 생각해봤습니다.

그랬더니 명확해졌죠.

80세가 된 제가 30세에 가슴 뛰는
아이디어에 도전했던 것을 후회할 리가 없잖아요.

그리고 나니 두 번째 고민이 생겼습니다.

'지금 당장 그만둘까,
아니면 몇 개월 뒤
연말 보너스를 받고 그만둘까?'

마찬가지로 간단했습니다.

80세가 된 제가 30세에 연말 보너스를
포기했다는 사실을 후회하진 않겠구나.

그래서 바로 퇴사했습니다.

아마 여러분도 수많은 선택의 기로에서
엄청난 갈등을 하실 겁니다.

그 이유는 단기적 기회비용들을
너무 많이 고려하기 때문이겠죠.

하지만 단기적 이유들은 멀리 봤을 때

정작 그다지 중요하지 않은
경우가 많습니다.

멀리 보세요.
그것이 빠르면서도
옳은 결정을 내리는
비결입니다.

27

열정에 기름붓기

문과 이과
구분을 없애자

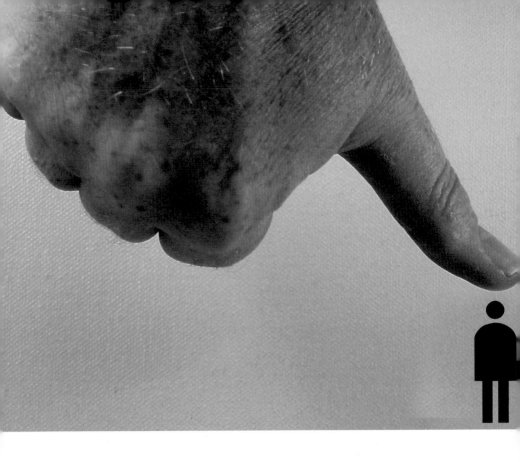

"제발 문과, 이과로 나누지 말자.
이는 청소년들의 다양한 기회를 박탈하는 폭력이다."

"대학에 신입생이 들어오면 무조건 휴학시키자.
세상에 나가 뭘 배워왔는지, 그걸로 학점을 주자."

교육부 회의에서 이런 주장을 외친 이는
세계적 진화생물학자 최재천 교수다.

그는 진화론에 기초해 기성세대의 태도를 꼬집었다.

진화론적으로 봤을 때 가장 중요한 것은
과거나 미래가 아니라
'현재' 입니다.

진화는 절대로 과거를 답습하거나
미래를 예측하여 이뤄지는 것이 아닙니다.

그냥 현재 살고 있는 환경에
'적합하게' 맞춰가는 것이 진화죠.

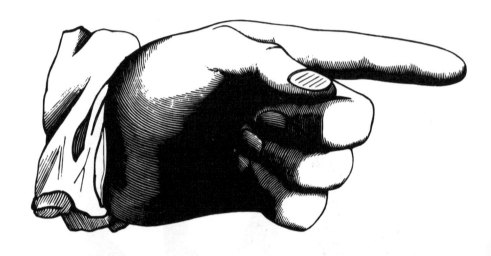

그런데 한국 기성세대는 지나치게
과거만 생각하면서 젊은이들의 미래를 결정해버립니다.

자신들이 자랐던 환경만 생각하며
스펙 쌓기를 강요하거나

문과, 이과로 미래의 방향성을 좁혀버리죠.

최재천 교수에 따르면 기성세대의 사고는
진화론적으로 굉장히 잘못된 생각이다.

그들의 청년 시절 환경과
지금 20대의 상황은 다르기 때문이다.

지금은 그야말로 급변하는 시대고,
재미가 중요해진 시대입니다.

어른의 역할은 대기업 정규직 취직을 강요하며
묶어놓을 게 아니라 젊은이들이
자유롭게 옮겨 다닐 수 있는 생태계를 만들어주는 것입니다.

그리고 청년 여러분은 절대 강요된 줄에
서지 말고 더 방황하고 더 삐딱해지세요.

지금의 급변하는
환경에선 틀 안에 갇히지
않는 일이야말로
제대로 진화하는 것입니다.

— 최재천

28

열정에 기름붓기

원하는 것을 100%
이루는 법

애리조나 사막에서 농사를 지었던 인디언 호피족Hopi.

그들은 살아남기 위해 모래바람이 몰아치고
바위가 솟아오른 척박한 땅을 경작했다.

연평균 강수량 250㎜ 이하의 건조한 사막.
이 적은 양의 비마저도 언제 내릴지 알 수 없었고
건기가 찾아오면 생계가 위태로웠기에
그들은 간절히 비가 내리길 기도했다.

그것이 바로 '인디언 기우제'다.

신기하게도 그들의 기우제는
끝남과 동시에 100% 확률로 비를 내리게 만들었다.

과연 그들은 어떠한 힘으로 비를 내리게 했던 걸까?

인디언 기우제의 비밀.

"비가 올 때까지!"
그들이 비를 내리게 하는 방법은
바로 비가 올 때까지
기우제를 지내는 것이었다.

우리도 원하는 것을 성취하기 위해
나름의 기우제를 지낸다.

단어 외우기
운동하기
독서하기
부지런해지기
계획 실행하기
자신감 갖기
...

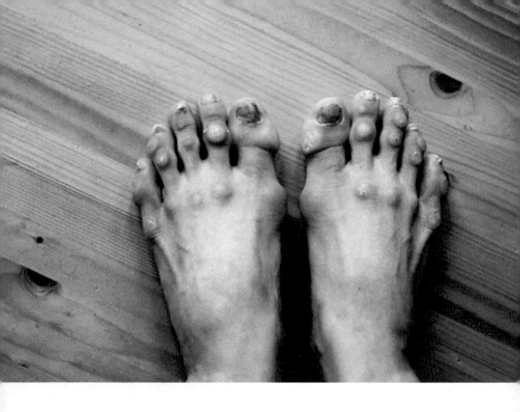

언제 끝나는지는 알 수 없다.
끝이 보이지 않는 싸움에서 포기하는 이도 많으리라.
그러나

자신이 소원하는 일을 이룰 때까지
할 수 있는 최선의 노력을 하며 인내하면
바람은 반드시 실현된다.

그것이 바로 원하는 것을 100% 이루는 방법이다.

비를 내리게 하는 방법은 기우제를 지내는 것이다.

비가 올 때까지.

"비는 반드시 오니까."

29

열정에 기름붓기

라면 끓이는
일조차

신규 사업을 위해 구글Google을 분석하던 한 사람.

그는 구글이 블로그가 약하다고 판단했고,
블로그를 공유하는
'부루닷컴buru.com'을 만들었다.

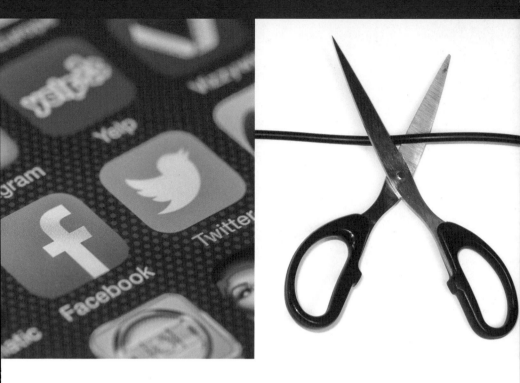

하지만 소비자들은 이미 정보가 모여 있는
다른 사이트를 놔두고서
부루닷컴을 이용할 필요를 못 느꼈고
결국 3개월 만에 서비스를 중단하고 만다.

그다음 문제점을 개선해 다시 만든
'위지아닷컴wisia.com'.

처음엔 잘되는 듯싶었지만
비슷한 이유로 끝내 사업을 접어야 했다.

연속된 실패… 그리고 2년이 흘렀다.

그러나 그는 좌절감에 빠지기는커녕 오히려
새로운 도전을 하게 된다.

두 번의 실패 속에서 아이디어가 있으면
곧바로 시작해 시장을 선점하고 지속적으로
업데이트하자는 교훈을 얻었기 때문이다.

그 후 아이폰이 국내에 처음 출시되었을 때
그는 빠르게 모바일 서비스를 만들어 제공했다.

그렇게 '카카오톡KakaoTalk'이
탄생했다.

그는 바로
김범수 카카오 의장이다.
미국 경제 잡지
《포브스Forbes》는
그를 '한국인이 낳은
가장 성공한 사업가 중
한 명'이라고 평가한다.

우리는 살아가면서
수많은 실패를 맞이한다.

합격을 바라던 시험에 떨어질 수도
준비한 아이디어가 빛을 못 볼 수도
열심히 한다고 했는데 뜻만큼 성취하지 못할 수도 있다.

하지만 생각해보면 실패 없이
무언가를 이뤄냈던 적은 없다.

라면을 끓이는 일조차 몇 번의
시행착오를 겪고 터득하지 않았는가?

실패가 두려웠다면
지금의 카카오톡은 없었을지 모른다.

실패했는가?

당신의 실패는 아무것도
얻지 못한 것이 아니다.
단지 그것은
새로운 무언가를
배웠음을 뜻한다.

오늘부터 우리는 큰 목표를 지운다

누구나 이런 말을 해본 적이 있을 것이다.

"내가 나중에 성공하면…."

그런데 정말 성공할 수 있을지 확신이 서지 않는다.

성공이 너무 까마득하고 멀게만 느껴진다.

미국 프로미식축구리그NFL에서 가장 오래된 팀 중 하나이며
수많은 팬을 보유한 뉴욕 자이언츠New York Giants.

10년 넘게 하위권을 맴돌던 뉴욕 자이언츠는
1983년 빌 파셀스Bill Parcells 감독을 새로 영입한다.

그는 지긋지긋한 패배감에 물들어 있는
선수들을 보고 이렇게 말한다.

"앞으로 우리 팀은 슈퍼볼Super Bowl이라는
커다란 목표를 지운다."

"대신, 다음 한 경기만큼은 꼭 이긴다."

이렇게 그는 단기간에 달성할 수 있는
명확한 목표를 세워 선수들을 훈련시켰다.

열패감에 젖어 있던 선수들에게
작고 가시적인 목표를 이뤄나가도록 함으로써

지속적인 성취감을
느끼게 만든 것이다.

선수들은 패배감에서 조금씩 벗어나면서
해낼 수 있다는 마음가짐을 갖게 되었고

마침내 두 번의 슈퍼볼
우승을 따내게 된다.

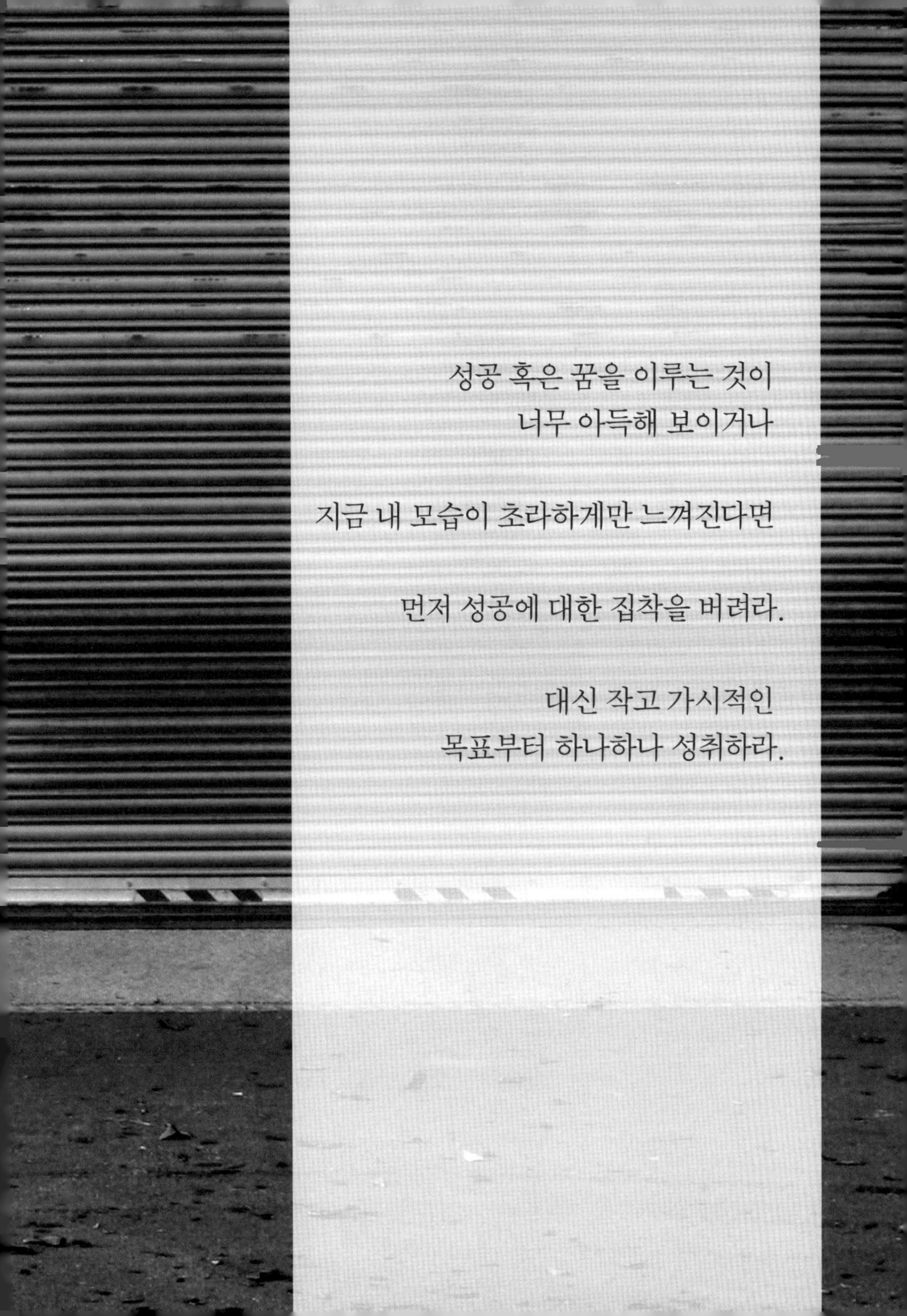

성공 혹은 꿈을 이루는 것이
너무 아득해 보이거나

지금 내 모습이 초라하게만 느껴진다면

먼저 성공에 대한 집착을 버려라.

대신 작고 가시적인
목표부터 하나하나 성취하라.

성공을 향해 달려가는
가장 좋은 방법은 지금 당장,
자신감부터 찾는 것이다.

당신의 이야기

'열정에 기름붓기'와 함께하는 독자 여러분의 이야기입니다.
468개의 소중한 꿈이 모두 이루어지길 응원하며 지면에 30개를 담습니다.

한라산 김해 도서관에서 일하는 공익입니다. 도서관에 《열정에 기름붓기》가 있는데 책이 너덜너덜해질 만큼 사람들이 빌려갑니다. 저도 책으로 많은 걸 배우고 깨닫습니다. 이런 좋은 책을 출간해주셔서 정말 감사합니다.

박종현 스물일곱, 사람들이 무시하고 천대하는 직업 기술자입니다. 현장 업무를 3년째 하고 있습니다. 더울 때 추울 때는 물론 평상시에도 몸이 부서질 것 같지만 아무나 이 일을 못한다는 자부심 하나로 버텨왔습니다! 앞으로도 그럴 거고요. 젊은 기술자 분들 모두 힘내시길 바랍니다!

정유림 음악을 시작한 지 10년도 되지 않았는데 벌써 지쳐버린 나 자신에게 위로 한마디도 하지 못한 채, 스스로를 한심하다고 무시해버렸다. 남에겐 따뜻한 말을 하는 내가 나에게는 너무나도 차가운 사람이라는 게 마음이 아프다. 누군가를 위로하기 전에 내 마음을 다독이며 얻는 긍정 에너지를 음악에 담아 나와 비슷한 사람들에게 들려주는 것이 나의 꿈이다.

정호영 외로워요. 공장에서 열두 시간 동안 나를 잃어버릴 것만 같죠. 당장 지금 여기서 버는 돈에 만족하고 살아갈지도 모르죠. 어쩌면 돈을 모아 나가서 펑펑 쓰고 다시 돌아올지도 모르죠. 그런데 이렇게 나를 돌아보면 눈물이 나요. 울컥하죠. 가끔씩 공장 기숙사 화장실에서 열정에 기름붓기 페이스북을 보고 울컥해 나를 자책해요. 늦게 시작한 연극… 겨우겨우 대학교에 왔는데, 잘해야 된다는 마음만 앞서다 보니 몰입도 깨지고 논리가 서지 않게 되었어요. 편입 준비하려고 목돈을 만들러 공장에 왔는데 월급이 밀리는 바람에 신용불량자 신세…. 그래도 출근합니다. 전 꿈이 있는 노동자니까요.

손보으 고교 시절, 음악을 배우고 싶어 타지로 떠나 기숙사 생활을 포함해 가족과 따로 살게 된 지 7년째예요. 네 살 어린 남동생은 어느새 제 키를 훌쩍 넘을 만큼 컸고, 몇 달에 한 번 뵙는 부모님은 흰머리와 주름이 늘었더라고요. 예전엔 그렇지 않았는데 이제는 시간이 흐른 만큼 가족 간 대화가 별로 없어요. 진로도 중요하지만 제 꿈은 가족과 건강하게 지내며 대화를 많이 하는 것입니다. 엄마, 아빠, 동생 그리고 미래의 남편, 자식과 말이죠. 지금은 제 건강이 좋지 않아 가족이 있는 고향 집에 머무르고 있지만 이 시간조차 감사하게 느껴지네요. 나의 진로도 중요하지만 가장 중요한 걸 놓쳐선 안 되겠다고 느꼈습니다.

김혜강 제 꿈은 좋은 시인이 되는 것입니다. 제가 가장 힘들고 마음 아파했던 시절, 사람한테도 받지 못했던 위로를 《열정에 기름붓기》에서 받았습니다. 그리고 2년이 지난 지금, 시인이라는 꿈이 생겼습니다. 아직 많이 부족하지만 제가 책으로 위로받은 것처럼 제 시를 통해 사람들의 아프고 지친 마음에 위로와 힘을 주고 싶습니다. 정말 좋은 시인이 되고 싶고, 꼭 그렇게 될 것입니다.

전창일 저는 감히 무엇 하나가 되겠다 말하지 않겠습니다. 그러나 한 가지 확실한 것은 저는 무엇이든 될 자신이 있습니다. 저는 이미 모든 것을 잃어 한 번 죽었다 다시 태어난 사람입니다. 갓난아기가 무엇이 될 것이라고 생각하며 살던가요? 저는 그래서 무엇이든 될 수 있다는 자신감이 있습니다. 되고 싶은 것은 너무나 많습니다. 다들 불가능하다고 합니다. 아직은 갓난아이지만 반드시 이루어내 이 세상에 제 이름을 알릴 것입니다.

김한빛 저는 꿈이 없습니다. 하지만 열기 덕분에 다시 꿈을 꿔보려 합니다. 제 꿈은 가슴으로 느끼고 손으로 적으며 발로 뛸 수 있는 일을 먼저 찾는 것입니다. 꿈은 생각하는 것이 아닙니다. 꿈은 머리에 담아둔 것을 세 치 혀로만 떠드는 것이 아닙니다. 꿈은 가슴 벅차는 끓어오름과 함께 감동을 적고 발로 뛰어야 이룰 수 있습니다. 아직 찾지 못한 꿈을 위해 꿈을 꿀 것입니다. 꿈이 없는 여러분도 나중에 생길 꿈을 위해 언젠가는 해야지라고 생각하지 말고 바뀌기를 원한다면 지금부터 실천합시다!

이신우 제 꿈은 좋은 남편 좋은 아빠 좋은 사장님이 되는 것입니다. 하지만 저만의 꿈을 위한다며 직원의 희생을 강요하는 사장은 되지 않을 것이며, 좋은 기업 문화를 만들어가는 벤처캐피탈 회사의 사장이 되고자 합니다. 일찍 퇴근한 부모와 함께하는 행복한 시간 속에서 자란 아이들이 우리나라를, 세상을 얼마나 아름답게 바꿔나갈까요. 지금은 호스텔 도미토리에서 이렇게 끄적거리지만 세상을 바꿀 잠재력이 저에게 있다고 믿습니다.

Oh Lynn 제 꿈은 아침이, 내일이, 미래가 두렵지 않는 삶을 사는 것입니다. 꿈이라는 것이 성공과 최고가 되는 것에만 국한된다고 생각하지 않아요. 그런 면에선 전 꿈이 없는 걸요. 저의 꿈은 인생의 행복에 초점이 맞춰져 있습니다. 일할 땐 열정적으로, 놀 땐 즐겁고 신나게, 쉴 땐 최대한 게으름뱅이같이 이불 속에서 꼬물꼬물해도 제가 만족하는, 제 삶의 순간순간에 항상 미소 지을 수 있도록 말이죠.

이정엽 한국 전자금융의 리더가 되겠습니다. 컴퓨터공학과를 나왔지만 공대 출신

임에도 불구하고 취업난을 피해갈 수 없었습니다. 우연한 기회로 열정에 기름붓기를 알게 되었는데, 제 의지와 열정을 끊임없이 자극해준 덕분에 끝나지 않는 터널 같았던 취업 준비 기간을 마무리하고 금융권 입사에 성공할 수 있었습니다. 제 꿈은 우리나라 전자금융 기술력을 한 단계 업그레이드시키는 업계 1인자가 되는 것입니다. 이번에도 열정에 기름붓기 힘을 좀 빌리려 합니다. IT강국이었던 우리나라의 위상을 세계 무대에서 다시금 드높이기 위해 끊임없이 성장해나가겠습니다.

조서진(함유) 스물셋에 세계 최고 레스토랑 경영가가 되고 싶다는 꿈을 품었지만 곧 입대한 후, 4년간의 장교 생활을 마치고 작년 9월부터 레스토랑에서 일을 배우고 있습니다. 제가 함유라는 가명을 쓰는 이유는 배우면 배울수록 공부를 하면 할수록 이 세상은 혼자 사는 것이 아니라 함께 있으며 함께 살아가는 곳이라는 것을 느끼기 때문입니다(함유: 함께 있음). 또한 꿈을 위해 달려가는 과정에서 내가 이 세상에 왜 태어났는지, 앞으로 무엇을 해야 하는지 깨달아가는 재미가 참 좋습니다. 제가 열게 될 레스토랑에서 열정에 기름붓기 팀과 함께 맛있는 식사 한 끼 할 날을 고대합니다.

권상록 여행업에 종사하는 사람입니다. 미래에는 우주여행 시대가 올 것입니다. 제가 그 우주여행의 시발점이 되고 싶습니다. 제 꿈을 실현 불가능하다 생각하고 비웃는 사람이 아직도 많지만, 꿈을 위해 꾸준히 자료를 모으고 외부 시설과 접촉을 통해 하나하나 퍼즐을 맞춰가고 있습니다. 몇 피스 퍼즐이 될진 아직 모르지만, 퍼즐을 완성하는 날이 올 것입니다. 응원해주세요! "목표를 보는 자는 장애물을 겁내지 않는다." ─한나 모어

최진호 제 이름으로 된 재능 기부 단체를 만들고 싶습니다. 전 집안이 가난하여 끝까지 이뤄내지 못하고 포기한 꿈이 있습니다. 다시 도전하기에는 겁나고 두려워 미루고만 있어요. 다른 일을 하면서 또 다른 꿈을 꾸었지만, 지금의 꿈은 재능을 가진 많은 사람을 모아 재능 기부 단체를 만드는 것입니다. 가난해 도전하기조차 벅찬

이들과 같이 걸어가고 싶습니다!

김혜미 혁신적인 기술 개발로 삶을 이롭게 하고, 사람을 따뜻하게 하는 감성을 담은 공학도·과학도를 육성하는 학교를 세워 교육하는 것. 그리고 나 또한 사람을 따뜻하게 품는 공학도가 되는 것. 돈보다 삶을 이롭게 하는 무언가를 제공하는 사람이 되는 것. 그래서 우리 모두가 조금 더 행복해지는 것. 그로 인해 나 또한 행복해지는 것.

구병준 내 꿈은 가장 이상적이게, 정말로 내 꿈을 위해 사는 것. 현실에 순응하여 내 꿈이 다른 사람에게 짓밟히지 않게 하는 것. 그리하여 훗날 떠날 때에도 아쉬움 없이 가는 것. 도전할 것. 가슴이 시키는 쪽으로 갈 것. 꿈이 없는 자는 삶 자체가 없다. 그러므로 나는 계속해서 꿈꿀 것이다. 나의 원대한 꿈은 여행사 CEO로서 대한민국 국민이 여행 자체를 낭비로 생각하지 않고 삶의 일부로 느끼게끔 하는 것이다.

유미진 하고 싶은 일을 하고 사는 것. 문득 너무 해야 하는 일만 해온 건 아닐까라는 생각이 들었다. 배우고 싶은 것도 해보고 싶은 일도 많았는데 어느새 무엇이었는지조차 잊어버렸다. 그래서 일단 도전하기로 했다. 나 스스로에게 행복을 선물하기 위해. 메모장에는 하고 싶은 일, 해야 하는 일 모두 적혀 있다. 하나씩 업데이트되기도 하고 지워나가기도 할 때 마음이 뿌듯하다. 적어가다 보니 하고 싶은 일은 생각보다 대단한 큰일이 아니다. 모두가 새로운 나를 발견할 수 있는 시간과 용기를 가졌으면 좋겠다.

이영주 디자인을 처음 시작하게 된 계기이자 내 꿈인 아트디렉터, 앨범 디자이너가 되고 싶다고 마음먹었던 스물한 살. 최근에서야 작업비나 연봉 같은 현실에 부딪히며 흔들리기 시작했어요. 부디 마음을 곧게 잡아 앞만 보며 간절하게 원하던 꿈이 이루어지길. 하고 싶던 것을 이루는 내가 되길. 누군가를 롤모델로 삼던 내가, 누군가의 롤모델이 될 수 있을 만큼 자랑스러워지길. 그리고 흔들리는 열정에 기름을 부어 오늘도 꿈을 꾸며 꿈이 이루어지길. 기도합니다!

김동규 제 꿈은 사람들이 스포츠를 통해 성장할 수 있도록 돕는 것입니다. 저는 스포츠를 즐기는 이유가 단순히 재미를 위해서라고 생각하지 않습니다. 우리는 스포츠를 즐기는 과정에서 성취감을 얻고, 그 성취감은 자신감으로 이어집니다. 또한 스포츠는 끊임없이 자신의 한계에 도전할 것을 요구합니다. 계속되는 도전 속에서 사람은 자기 안의 위대함을 발견할 수 있습니다. 제 꿈은 사람들이 스포츠를 통해 내면의 위대함을 발견할 수 있도록 돕는 것입니다.

김성호 《열정에 기름붓기》 책에 나온 사람들처럼 열심히 사는 게 꿈입니다. 태어날 때부터 두 다리가 없는데도 의족을 끼고 노력해 간절히 바라던 운동선수가 된 사람처럼, 하루아침에 모든 신체 기능이 정지됐는데도 불구하고 왼쪽 눈의 깜빡임으로 의사소통법을 익혀 20만 번의 깜빡임으로 책을 쓴 사람처럼…. 지금 항공정비사가 되기 위한 길을 걷고 있는데 올 한 해는 정말 죽기 살기로 노력해보려 합니다. 힘들 때마다 열 책 보면서 열정 충전하겠습니다. 좋은 책 좋은 글 남겨주셔서 감사합니다. 화이팅하세요!

박희일 제 꿈은 이 세상에서 교육의 권리를 누리는 모든 이가 행복한 세상을 만드는 것입니다. 우리나라에서 교육의 권리를 누리는 학생들, 어쩌면 의무처럼 대학을 가는 우리 대학생은 학창 시절 많은 것을 배우기보단 지식을 머릿속에 채워 넣기 바쁜 것 같습니다. 삶에서 가장 중요하고 소중한 이 순간에 학생들이 미래를 열정적으로 살아갈 수 있는 지혜를 배우고 진짜 자기 꿈을 가질 수 있도록 돕고 싶습니다.

구나현 우리의 꿈은 사람들이 자기 인생에 더 깊이 몰입하고, 더 많은 즐거움을 찾을 수 있도록 하는 것입니다. 많은 사람이 인생을 즐겁고 행복하게 사는 것은 듣기 좋지만 뜬구름 잡는 비현실적 생각이라고 얘기합니다. 우리는 그럼에도 불구하고 그렇게 얘기하는 많은 이에게 인생을 즐겁고 행복하게 살 권리가 있음을 알려주고,

그렇게 살 수 있도록 만들 것입니다.

박정집 멀고 낯선 곳, 라틴아메리카 전문가가 되어 문화를 잇다. 한국 사람에게 라틴아메리카(중남미)는 멀고 낯설기만 한 곳이지요. 하지만 자유무역협정으로 칠레 포도를 수입하는 등 관련이 많은 곳입니다. 역사적으로도 알게 모르게 영향을 주고 받았고요. 저는 스페인어를 배우고 익혀 라틴아메리카를 이해하고, 라틴아메리카 전문가가 되는 꿈을 가지고 있습니다. 궁극적으로 민간외교관 역할을 맡아 한국에 중남미 문화를, 중남미에 한국 문화를 알려 두 지역을 잇는 것이 꿈입니다.

문주호 힘내요, 열정에 기름붓기! 저의 꿈은 복지재단을 만들어 제가 없더라도 세상이 좀 더 긍정적이고 밝은 쪽으로 갈 수 있도록 시스템을 구성하는 것입니다. 이를 위해 돈을 많이 모으고 싶습니다. 때로 많이 힘들고 괴롭겠지만 잘 극복하고 싶습니다. 지금은 멀리 있는 꿈이지만 수많은 사람에게 자립할 수 있는 힘을 주는 정말 좋은 시스템을 갖춘 복지재단을 만들고 싶습니다.

나지현 페이스북으로 꾸준히 보고 있었는데 벌써 3쇄 인쇄네요! 축하드립니다! 제 꿈은 우리가 사는 이 사회에 선한 영향력을 끼치는 사람(리더)이 되는 것입니다. 지금 하고 있는 행동에 기나긴 노력이 필요할 것 같아 지치지 않기 위해 글로 남깁니다. 힘들어도 포기하지 않고 저의 잠재력을 믿으며 꾸준히 나아가겠습니다. 저의 이런 노력들이 빛을 보는 순간, 꿈을 꾸는 모든 이에게 희망을 주고 싶습니다.

이유주 좋은 노래를 들을 수 있도록 도와주는 A&R이 되고 싶습니다. 그 일환으로 요새 작사에 관심이 많아 이리저리 살피며 움직이는 중인데요. 참 어렵네요. 주변보다 내가 행복하면 된다고 열심히 하면 된다고 널 믿으라고 하고 싶습니다. 누군가는 학과와 맞지 않고 비현실적인 꿈이라고 할 수 있지만 저에겐 꼭 이루고 싶은 꿈이니까요.

김현우 지난 25년을 솔직하게 되돌아보면 나만의 꿈과 멋진 열정 이야기가 없다고 매일 후회했어. 후회하고 또 후회하고. 결국 작년 한 해는 어두웠고 들고 있던 열정의 불씨조차 꺼졌어. 그래도 또 후회할 걸 알지만 올해는 다시 해보고 싶어. 후회하고 싶지 않아. 내 열정의 불씨가 불사조처럼 타오를 거야. 반드시 그럴 거야.

이재무 순수한 열정으로 끊임없이 도전하는 삶을 사는 것이 제 꿈입니다. 요새 하루하루를 다음 도전을 위해 노력하며 살아가고 있습니다. 남들이 다 안 된다고 할 때, 굳이 왜 지금을 저버리고 고생길로 접어드느냐고 할 때 전 항상 말합니다. 행복하다고. 열정에 기름붓기에서 좋은 영향을 많이 받고 있습니다. 항상 감사합니다!

배지나 지금까지 앞만 보고 달려왔어. 나 좀만 더 열심히 꾸준히 달리다 끝에 도달하면 정말 하고 싶은 것을 할 거야. 그러니깐 좀만 더 힘을 내볼게. 지금 너무 힘들지만 끝에 웃고 있는 내 모습을 기대하며 넘어져 다친 무릎 한 번 쓱 털어내고 다시 천천히 달려볼까 해. 나 잘할 수 있겠지? 아니, 잘할 거라 믿을래. 지금까지 해온 것처럼 잘할 거라 나 스스로 믿어볼래.

Roy YoungHan Kim 뉴질랜드에서 공부하고 있는 학생입니다. 어디서든 누구에게나 모범이 되자가 저의 큰 꿈입니다. 아직 경험이 많이 부족하고 어떤 일을 하며 훗날을 보낼지 확실하지 않지만 제가 마음먹고 시작한 일만큼은 열심히 해 꼭 끝을 보려 합니다. smile, 앞으로 5년 단기 목표 중 하나는 간호학을 공부하며 해군 의무병이 되는 것입니다!

Image Credit

17 www.flickr.com/photos/silik/5090498998

18,19 www.flickr.com/photos/gdiazfor/12108366685

20 www.flickr.com/photos/sergeiw/16734088991

21 www.flickr.com/photos/flickerstickers/6879929257

22 ⓒM Francis

25 Photograph by Paul Souders, Corbis

34 www.flickr.com/photo/8759505@N03/3108936712

35,37 한국기원

39 tv드라마 〈미생〉 중에서

43 www.flickr.com/photos/8058853@N06/2251865885

49 www.flickr.com/photos/jeanmar/16375200130

52-57 http://awesomewithoutborders.org/grant/jaffle-chutes/

63 www.flickr.com/photos/shosports

64,65 Gettyimage

68 www.flickr.com/photos/jen_lipp/5227567599

72 www.flickr.com/photos/roger_alcantara/300520912

74 www.allwedoisrun.com

90 www.flickr.com/photos/anieto2k/8101135846

www.flickr.com/photos/jrproductions2012/4120906543

103 https://mubi.com/films/moneyball

105 www.flickr.com/photos/apardavila/20102990895

106,107www.flickr.com/photos/andrearosephotography/5390511561

110 www.flickr.com/photos/8192236@N06/490090299

112 www.flickr.com/photos/gcfairch/4189169360

114 www.flickr.com/photos/thebarrowboy/85242506
40

119 www.flickr.com/photos/84744710@N06/1555349
1890

122 www.flickr.com/photos/ian-arlett/16592343104

142 www.flickr.com/photos/wowcckorea/222483239
95

146 www.flickr.com/photos/ian-arlett/13706327695

149 www.flickr.com/photos/mariaeklind/24667466096

150 www.flickr.com/photos/112923805@N05/15425
592572

152 www.flickr.com/photos/134758269@N08/23785
833666

153 www.flickr.com/photos/14415358@N07/591505
7150

154 www.flickr.com/photos/data_op/2214980986

155 www.flickr.com/photos/fotodispalle/6177449598

156 www.flickr.com/photos/jeffdjevdet/15487057948

157 www.flickr.com/photos/realsmiley/5142726924

159 www.flickr.com/photos/mayeesherr/9449345598

161 www.flickr.com/photos/jlhopgood/7949008574

162 www.flickr.com/photos/spiritualize/8202461268

172 http://www.flickr.com/photos/46788399@N00/4
76901520

175 www.flickr.com/photos/42244964@N03

178,179 www.flickr.com/photos/wackybadger/14426
035484

180 www.flickr.com/photos/29381982@N08/149869
92109

182 www.flickr.com/photos/idea-saras/9519581318

183 www.flickr.com/photos/lukeas09/3576474626

189 www.flickr.com/photos/quattrostagioni/63635624
59

190 www.flickr.com/photos/mindonfire/7527819760

194 영화 〈Lincoln〉 중에서

203 www.flickr.com/photos/bottspot/2164838614

208 www.flickr.com/photos/luisbg/2094497611

210 www.flickr.com/photos/jvetterli/2493319613

238 www.flickr.com/photos/histardis/9374518804

239 www.flickr.com/photos/armydre2008/5744692238

242 www.flickr.com/photos/74881150@N00/684379
7790

244 www.flickr.com/photos/catarinaoberlander/12826
232954

245 www.flickr.com/photos/mrhayata/4461996959

246 www.flickr.com/photos/bonguri/5491056599

251 www.flickr.com/photos/cso237/6884889628

260,261 www.flickr.com/photos/acidpix/7004095897

264 www.flickr.com/photos/poptech/4910869227

266 www.flickr.com/photos/jrguillaumin/1114857278

270 www.flickr.com/photos/jonathankosread/146948
93958

283 www.flickr.com/photos/home_of_chaos/7508093
710

312 www.flickr.com/photos/usgsbiml/15163957281

327 www.flickr.com/photos/esthervargasc/9488661337

340 www.ips.or.kr

342 www.flickr.com/photos/gs-motorradreisen-de/233
94319372

345 www.flickr.com/photos/kubina/209600235

364 www.flickr.com/photos/3336/9543434906